업장 소멸

⑥ 업장완결편

安東民 著

瑞音出版社

머 리 말

《업장소멸》의 완결편인 여섯권째 책을 쓰게 되었다.

이번에는 마음이 업(業)을 짓는다는 것, 전생에서 입버릇처럼 한 이야기가 이번 생애에 현실로 나타나서 고통을 받는 사람들의 이야기, 그리고 이승에 미련을 남긴 채 죽어서 지박령(地縛靈)이 되어 여러가지 문제를 일으키는 이야기들을 내가 겪은 체험담을 토대로 해서 엮어 보기로 했다.

또한 '물의 비밀'에 대해서 철저하게 규명해 보기로 했다. 물은 만물(万物)의 생명의 기원(起源)으로서 물의 비밀을 밝혀낸다는 것은 생명의 신비를 푸는 뜻도 될 것이다.

다음에는 내가 어떻게 하여 오늘날과 같은 사람이 되었는지, 한명의 스승도 없이 오늘날, 내가 심령능력자가 된 비밀을 온 세상에 공개하기로 했다.

그러려면 우선 나는 일체의 자존심을 버리고 무치(無恥)의 경지에 도달해야만 한다.

이것은 굉장히 어려운 일이기는 하지만 내가 목표로 하는 어느 경지(境地)에 도달하려면 꼭 겪어야 할 관문이라고 생각이 되기에 결사적인 각오로 통과해 볼 결심이다.

다음에는 남녀의 인연의 신비(神秘)로서 이 역시 나의 체험담을 중심으로 해서 철저하게 밝혀 둘 생각이다.

이 세상은 어린이와 노인과 남녀가 있을 뿐이다. 남녀의 얽힌 인연을 풀므로써 세상의 온갖 불행을 떨쳐버릴 수 있는 방법이 찾아진다면 얼마나 다행이겠는가?

그 다음으로는 지난 몇년 동안 나를 찾아와 상담한 사람들이 나에게 알려준 이야기들을 여러가지로 써보고저 한다.

이 책을 읽고 여러분들이 인생의 괴로움에서 벗어나는 길을 찾아내는데 얼마간의 도움이 된다면 다행이라고 생각한다.

업장을 소멸시킨다는 것은 정말로 힘든 일이지만, 원리(原理)를 알고 노력하면 누구나 가능하지 않겠는가 하는게 지금의 나의 생각임을 밝혀둔다.

安東民

업장소멸 · ⑥ 차례

제 3 장 시간 속을 간다

제 4 장 우주의 비밀을 푼다

제 5 장 물의 비밀

제 6 장　나는 누구인가?

제 1 장

지박령(地縛靈)들 이야기

1. 저승을 가지 않는 영혼들

얼마 전만 해도 사람들은 누구나 인간에게는 영혼이 있으며, 육체가 죽으면 저승사자가 데리러 와서 저승을 가야만 한다는 사실을 의심한 이들은 아무도 없었다.

그리고 우리가 살고 있는 이승은 잠시 휴식을 취하는 곳이며, 저승이 고향이라는 생각이 있었기에 죽는다는 것은 돌아간다. 즉, 고향으로 돌아간다는 말로 표현을 했던게 아닌가 한다.

그리고 이승을 떠난뒤, 2년이 지나면 저승에서 잠시 휴가를 얻어서 그리운 가족들을 만나러 돌아오게 된다는 사실을 모두가 굳게 믿었기에 남은 유족들은 기일(忌日)이 돌아올 때마다 제사 지내는 것을 게을리 하지 않았던 것이라고 생각이 된다.

사람들이 아들을 선호하는 이유의 하나도 죽은 뒤에 제사상 차려줄 자식이 필요하다는 생각에서였다.

그런데 요즘은 어떠한가?

죽은 뒤에 제사는 그만두고 살아있는 부모도 잘 모시려고 하지 않는게 지금의 세태이다.

한편 아직도 많은 사람들은 영혼의 존재를 믿고 있지만, 그보다도 더 많은 사람들이 이승에 대한 집착을 버리지 못하고, 죽은 뒤에 반드시 가야만 하는 저승이 존재한다는 사실을 믿으려고 하지를 않는다.

부처님께서는 인생(人生)은 고해(苦海)라고 하셨지만, 요즘 사람들에게 있어서는 이승 자체가 극락이기 때문에 어떻게 해서든 무슨 수단을 써서든 이승에서 행복하게 살수 있기를 바라고 죽은 뒤에 가는 저승이 어디 있는가? 하는 되바라진 생각을 가진 사람들이 아주 많다.

이런 사람들에게 있어서는 눈으로 볼 수가 있고 손으로 만질 수 있는 것만이 존재한다고 생각하는 것이며, 따라서 영혼 따위는 종교가들이 꾸며 낸 허망한 이야기라고 믿고 있는게 아닌가 생각이 된다. 따라서 영혼이란 정말로 존재하는지 처음부터 알아볼 생각도 없는 것이다.

유계(幽界)라든가, 영계(靈界)에 대하여 호기심을 갖고 알아보려는 사람들을 오히려 어리석은 인간이라고 비웃는 것이다. 심지어는 그와 같은 일에 관심을 갖는다는 것은 인생의 낙오자가 되는 것이라고까지 생각하는 사람들이 있는 것도 또한 사실이다.

"그와 같은 허망한 일에 관심을 가질 시간이 있거든 그동안에 한푼이라도 더 돈을 벌어서 이승에서 여유있게 살 궁리를 하도록 하게나." 하고 타이르는 것이다.

권력의 자리에 앉아 있고 돈도 충분히 갖고 있으니 이 세상에 아무것도 두려운게 없는 사람들이 있다. 이런 사람들은 매사에 교만 방자하기 마련이고 자기의 욕망을 좇아 사는 사람들이기도 하다.

돈을 벌기 위해서는 또는 출세를 하기 위해서는 다른 사람들을 아무리 짓밟아도 하나도 양심의 가책을 받지 않는 사람들이다. 그와 같은 생활태도가 강자의 생활태도라고 자부하기까지 한다.

그러면서 자기 자신만은 영원히 권세와 젊음을 누리고 살것 같은 착각 속에서 헤어나지를 못한다.

계집질도 하고 술도 과음하고, 많은 여자들을 정복한 것을 마치 무슨 큰 좋은 일이라도 한것처럼 자랑으로 여긴다. 이런 사람들이 어느 날 갑자기 쓰러진다.

불야불야 종합병원에 입원을 해서 종합진단을 받는다. 위암, 또는 간암이라는 진단이 내려진다.

주위에서는 본인에게 암 환자라는 사실을 알리지 않으려고 온갖 애들을 쓴다.

경우에 따라서는 수술을 해서 성공을 거두는 수도 있지만, 결국 몇년 내에 재발해서 죽게 되는 것이 대부분의 경우이다. 또, 수술을 했다가 병세가 너무 악화되어 있어서 집도를 하지 못하고 다시 봉합수술을 해버리는 경우도 많다.

이런 경우, 환자에게는 수술이 성공적으로 끝났다고 거짓말을 하게 마련이다.

얼마동안 병원에 입원하고 치료를 해보지만 병세는 점점 더 악화되어 가기만 한다.

그러자 어느 날, 병원에서는 퇴원명령이 내려진다. 이렇게 되면 길어보았자, 한달 안에 환자는 저승으로 가게 마련이다. 하지만 환자는 살려고 발버둥을 친다.

좋은 집과 예쁜 아내와 그 많은 돈들을 남겨 놓은채 죽는다는게 억울하기 이를데 없다. 가족들을 들들 볶고 왜 병원에서는 수술이 성공했다는데 하나도 몸이 좋아지지 않느냐고 짜증을 부린다.

먹지도 못하고 배설도 되지 않고, 잠도 오지 않는다. 배에는 복수(腹水)가 차서 흡사 오뉴월 맹꽁이 모양이어서 숨이 턱에 닿아 헐떡거린다.

아무리 좋은 음식이 있어도 지금은 걸인보다는 못한 신세이다.

건강했을 때 교만방자하게 산 벌이 이런 형태로 자기를 찾아 왔다는 것을 그는 아직도 깨닫지를 못한다.

다 죽어가면서도 은행통장과 도장은 벼개 밑에 넣어두고 아무도 만지지 못하게 한다. 식구들이 자기 하나 살려내지 못한다고 욕을 한다. 그러나 나중에는 누구를 원망할 기력조차도 없어진다.

여기서 교양이 조금 있는 사람은 늦게나마 반성을 하여 죽은 뒤의 일에 대해서 걱정을 하기도 하지만, 대부분의 경우에는 끝까지 반성도 하지 않고 깨닫지도 못하게 마련이다.

이제는 곁에서 시중드는 가족들을 들볶는 것만이 남아 있는 일이 된 셈이다.

긴 병에 효자가 없다는 말이 있듯이 환자가 오래 끌면 먼저 주위의 가족들이 기진맥진하게 된다.

어차피 살지 못할 바에야 어서 돌아가 주었으면 한다. 그리고 유산분배에 대해서 환자 모르게 수군덕거린다.

이렇게 되면 환자는 가족들로 부터도 완전히 고립된 존재가 된다.

그래도 환자는 삶에 대한 집착에 몸부림칠 뿐, 죽은 뒤에 찾아갈 저승에 대해서는 알려고도 하지 않는다.

여러 날에 걸처 혼수상태가 계속되고 환자는 드디어 숨을 거두게 된다. 그러나 그는 죽기 전에 의식불명이었기에 자기가 죽었다는 사실을 알지 못한채 저승사자에 의하여 유계로 운반이 된다.

저승에서 다시 이승을 보내지는 결정이 내려지면 그의 기절한 혼은 선택된 어머니의 모태(母胎)속에 들어가게 된다. 이것이 가장 진화가 덜 된 영혼의 경우이다.

그는 다시 태어나지만 여전히 무신론자로서 잘못된 생활을 보낸다.

영혼이 어디 있느냐고 큰 소리를 친다. 이것은 그로서는 당연한 생각이다. 왜냐하면 그는 주관적으로 보아서 저승에 가본 일이 없기 때문이다. 이보다 조금 다른 경우도 있다.

임종의 자리에서 정신이 들락날락하다가 숨이 넘어간다. 평소에 지극히 사랑하던 외아들에게 나를 살려달라고 마음 속에서 아우성을 친다.

한편 아들도 아버지를 어떻게든 살리려고 애를 쓴다. 이 순간 부자의 영파(靈派)의 진동 싸이클이 같아진다.

임종하는 순간, 아버지의 영혼은 저승으로 가지 않고 아들의 몸 속으로 빨려 들어간다.

이런 경우 죽은 사람은 자기가 죽었다는 사실도 모르고 있을뿐 아니라 아들의 몸에 빙의되었다는 사실마저 모르게 마련이다.

임종 직전에 놓여 있는 느낌이 영속될 따름이다.

희미한 의식 속에서 간암 또는 위암을 앓고 있다는 생각이 떠나지를 않는다.

이렇게 6개월에서 일년 가까운 세월이 지나면 아들에게도 아버지와 똑같은 병 증세가 나타나게 마련이다.

아버지의 유체에서 내어 뿜는 독개스때문에 일어나는 현상이다.

아들은 새벽에 두눈을 뜨는 순간, 죽은 아버지의 얼굴이 갑자기 눈 앞에 생생하게 나타남을 느낀다. 때로는 정신이 몽롱해지면서 자기자신이 마치 곧 죽을 것 같은 환각에 사로잡히는 수도 있다.

이런 사람을 그대로 방치해 두면 결국 아버지와 똑같은 병으로 죽게 된다.

빙의령이 빙의된 환자는 '옴 진동수'를 100일 동안 복용시켜서 몸 안에 고인 유독개스를 배출시켜 주고 며칠동안 체질개선 시술을 한 뒤에 '제령'을 해 주면 대개 기적적으로 회복이 된다.

그러나 여기서 하나 잊어서는 안될 것은 한번 빙의되었던 사람은 유체가 남달리 발달이 되기 때문에 또다른 빙의령에게 빙의되기 쉬운 체질로 변해 있다는 사실이다.

은반지에 특수한 조각과 진언(眞言)을 새겨서 '옴 진동'을 넣은 뒤, 왼쪽손 약지에 끼어주면 빙의령의 빙의현상을 막을 수 있음을 내가 알아내어 많은 사람들이 좋은 효과를 거두고 있다. 여자의 경우에는 제령을 한 뒤에 같은 종류의 은 목걸이를 목에 걸어주어도 같은 효과를 거둘 수가 있다.

다음에는 이보다 조금 나은 무신론자의 경우를 소개하여 볼까 한다.

임종의 자리에 누운 환자는 심경(心境)이 그저 담담하기만 하다.

평소에 소신껏 살아왔기에 별로 후회할 것도 없다. 죽으면 깊은 잠을 자는 것처럼 아무것도 모르게 되리라고 생각을 하고 있다.

숨을 거두는 순간, 눈 앞이 갑자기 어두워지면서 정신이 몽롱해진다. 이제는 끝이로구나 하는 생각을 한다.

그뒤 얼마나 시간이 지났을까, 그는 다시 맑은 정신이 돌아옴을 느낀다. 정신을 차려서 자리에서 일어난다. 주위의 모든 정경이 아주 선명하게 보인다.

아내가 울고 있는 모습이 보인다.

그는 아내의 어깨를 친다.

"여보, 나 죽지 않았오. 이렇게 살아 있지 않소."

그러나 어찌된 영문인지 아내는 여전히 울고만 있다.

이상하다고 생각하면서 자세히 살펴보니 조금 전까지 자기가 누워있던 자리에는 창백하게 모습이 변한 또하나의 자기가 누워있는게 아닌가?

그제서야 그는 자기가 죽었다는 사실을 깨닫게 된다.

죽으면 모든 것이 끝나는 줄로 알았던 환자로서는 충격적인 사실이 아닐 수 없다. 그렇다고 크게 슬퍼할 일은 아니라고 생각한다.

아무것도 없는줄 알았는데 본전은 없어지지 않았구나 하는 느낌마저 든다.

그는 어슬렁 어슬렁 집 바깥으로 나간다.

그 누구에게도 자기의 모습이 보이지 않는다는 것이 신기하고, 한편으로는 완전히 이 세상에서 소외되었다는 서글픈 느낌마저 든다.

길거리의 모든 것들이 아주 선명하게 보인다. 살아 있을 때는 아주 심한 근시(近視)여서 잠시도 안경없이는 볼 수가 없었는데 이제는 그렇지 않다는 것이 신기하기만 했다.

문득 가까운 친구 A가 생각이 난다.

그는 지금 무엇을 하고 있을까 궁금해진다. 그가 보고 싶어진다.

다음 순간, 정신을 차려보니 그는 A의 방 안에 와 있지를 않은가?

파자마 바람으로 앉아 있는 A를 본 순간 그는 반가운 나머지,

"여보게 날세. 나야"

하고 소리를 지른다. 그러나 A에게는 아무 것도 들리지 않는게 분명했다.

앗차! 나는 죽었지 하는 생각이 든다. 그러자 전화가 울린다. A는 수화기를 집어 든다.

"네, 그렇게 되었군요. 발인은 모래 아침 열시라구요. 네, 꼭 가뵙겠습니다."

침통한 표정을 짓는 것을 보니, 자기 집에서 걸려온 전화인게 분명했다.

(오래 병으로 고생하더니 어차피 회춘(回春)하지 못할바에야 잘 죽었지! 차차 쓸쓸해지는군. 가까운 친구들이 하나씩 둘씩 없어져 가니!)

A가 하고 있는 생각을 아주 뚜렷하게 알 수 있는게 정말 이상하기만 했다.

그는 미국에서 살고 있는 큰 아들 내외가 궁금해진다. 사진을 보내온 것을 눈 앞에 그려보고 아들의 주소를 생각한 순간, 그는 어느덧 자기의 유체가 아들네 집에 와 있음을 안다. 마침 아들과 며느리는 말다툼을 하고 있는 중이었다.

아버지가 돌아가셨다는 기별이 오기 전에 한국으로 돌아가야겠다는 아들과 소식 오기 전에 떠날 필요가 없지 않느냐는 며느리의 의견이 서로 대립이 되어 있는게 분명했다.

역시 아들은 효자로구나 하는 생각이 들자 그는 대견한 마음을 금할 수가 없었다.

다시 고향 집에서 비통에 잠겨 있을 가족들이 궁금해지는 순간, 그는 어느덧 자기가 임종한 방 안에 와 있음을 안다.

그는 이 뒤 여러 날이 지나는 동안, 인간은 죽으면 아주 없어지는 게 아닐 뿐 더러 어느 의미에서는 더 자유스러운 입장에 놓이게 된다는 것을 깨닫게 된다. 그러나 모든 것은 이쪽에서 관찰할 수 있을 뿐, 이 세상의 물건은 종이 하나도 움직일 수 있는 힘이 없음도 알게 된다.

죽어서 가는 저승이란 없구나!

결국 이승과 저승은 동일한 시간과 공간 속에 존재하되 차원이 다른 것 뿐이 아닌가 하는 생각을 하게 된다.

그러던 어느날, 그는 길거리를 산책하다가 오래 전에 헤어진 옛친구를 만난다.

"자네 웬일인가? 정말 오랫만일세 그려."

하고 반색을 하는 바람에 그는 이 친구가 다른 사람들과 달리 자기를 알아보는 것을 이상하게 생각을 한다. 그러나 마주 손을 잡고 생각을 해보니 그도 역시 오래 전에 죽은 사람인게 분명했다.

그는 이 친구 덕분에 살아있는 사람 몸에 빙의하는 법을 배우게 된다. 빙의당한 사람은 모르는 가운데 다시 자기 자신의 것이나 다름없는 육체의 소유자가 되어 본다는 것, 이것은 정말 희한한 경험이 아닐 수 없었다. 그러나 그는 자기가 빙의한 사람의 건강이 나빠진 이유는 알지를 못한다.

이런 망령이 빙의한 사람의 경우, 내가 영사(靈査)를 하면 이런 항의를 해오게 마련이다.

"그렇습니다. 저는 제가 육신을 잃어버린 존재라는 사실을 알고 있습니다. 사람이 죽어도 죽어도 마음은 존재한다는 것은 엄숙한 사실이지만 저승이란 없습니다. 저한테 지금 어디로 가라는 것입니까? 저는 못갑니다."

"저승은 분명히 존재합니다. 당신이 생전에 영혼의 세계에 대해서 너무나 몰랐고 또 이승에 대해서 너무 애착을 가졌기 때문에 이런 빙의령이 된 것입니다. 사람은 죽은 뒤에 보호령의 안내를 받아서 반드시 유계로 가야만 합니다. 죽은지 49일째 되는날 저승사자가 보호령과 함께 당신 앞에 나타나게 마련인데 당신은 그전에 남의 몸에 빙의가 되었기에 저승사자들을 만나지 못한 것입니다. 이 우주에는 '심은대로 거둔다'는 절대적인 인과율(因果律)이 있습니다. 인간의 영혼이 우주의 법칙을 지키지 않고 남의 몸에 기생충과 같이 빙의 해서 그 사람이 지닌 생명에너지를 도적질하면서 살게 되어 그 사람으로 하여금 천명(天命)을 다하지 못하게 할 때, 그 죄는 너무나 큽니다. 결국 언젠가는 이런 행위가 결과가 되어 당신의 마음은 버러지의 알 속에 갇히는 몸이 됩니다. 이것이 바로 무간지옥이라는 것입니다. 다시 인간으로 재생(再生)하기란 거의 불가능한 일입니다. 저승에 가야만 당신은 다시 인간으로 태어날 수가 있는 것입니다."

"인간으로 태어난다고요? 저는 다시 태어나는 것을 원치 않습니다. 이대로가 좋습니다."

"그렇게는 안됩니다. 그러면 지금과 같은 생활을 계속해서 남의 생명을 좀먹고 그 결과 버러지의 알 속에 갇혀서 앞으로 몇천년, 아니 몇만년 동안 인간이었다는 의식을 지닌채 버러지로서의 생활을 계속하겠습니까?"

여기에는 아무리 아집(我執)이 센 망령도 잠잠해진다.

결국은 내가 부른 보호령과 저승사자의 아내를 받아서 저승으로 가게 되는 것이 대부분의 경우이다.

죽은 사람들의 많은 혼들이 저승으로 가지않고 살아 있는 사람들에게 자꾸만 빙의된다는 사실은 아주 큰 문제가 아닐 수 없다.

그렇지 않아도 몸 안에 축적되는 각종 공해물질 때문에 많은 사람들은 병들어가고 있는데 망령까지 빙의 되어서 '생명 에너지'를 빼어가고 유독개스를 내어 뿜으니, 빙의된 사람이 난치병, 불치병에 걸리게 됨은 너무나 당연한 일이 아닌가 한다.

저승으로 가지 않는 혼이 많아지면 많아질수록 재생(再生)하는 인간의 수효는 줄게 되고, 공해로 죽어가는 사람들은 앞으로 늘게 마련이니 이대로 아무런 대책없이 방치하면, 앞으로 십년 내지 이십년 뒤에는 세계인구는 갑작스럽게 줄기 시작할 것이 분명하지 않나

인간이 생식력(生殖力)을 상실하고 한편 난치병과 불치병이 유행성 감기처럼 퍼질 때, 인간의 종말은 가까워 온 것이라고 할수 밖에 없지 않겠는가?

인간은 이 땅 위에서 한번은 낙원을 이룩해야 할 의무가 있지 않을까!

살아서 이 현상세계에서 지옥을 연출한 인간들이 어찌 영혼으로나마 구제되기를 바랄 수 있겠는가!

사람은 누구나 언젠가는 죽게 마련이다.

또한 죽는 것이 끝이 아님도 사실일진데, 죽은 뒤에 대비해서 살아서 많은 것을 알 필요가 있고, 또 우주의 법칙이 무엇임을 깊이 깨달아서 옳게 산다는 것이 아주 중요한 일이라고 나는 생각한다.

육체를 버린 혼들이 저승으로 가지 않고 살아있는 사람들의 몸에 빙의되는 사실이 점점 늘어간다는 것은 바로 인류의 종말을 뜻하는 것이 아닌가 한다.

이 문제에 대해서 우리 모두가 깊이 반성하여 죽어서 빙의령이 되지 않도록 깨달아야 될 것으로 생각한다.

2. 나, 당신을 사랑해

얼마 전 일이었다.

이성촌(가명)이라는 분이 나를 찾아왔다.

그는 몇년 전에 부인을 사별(死別)했는데 부인이 살아 있을 때는 공기와 같은 존재여서 늘 곁에 있는게 당연하기만 했고, 사랑한다는 말을 입에 담아 본 일도 별로 없노라고 했다.

그는 부인이 죽은 뒤에 오히려 부인이 늘 곁에 있음을 강렬히 느끼게 되었고, 부인은 진한 백합 냄새를 풍기면서 나타난다고 했다.

그렇다고 모습이 분명히 보이는 것은 아니라고 했다. 느낌으로 알뿐, 그리고 늘상 대화가 가능하다고 했다. 부인은 살아 있을 때 8년 동안이나 정신병을 앓았다고 했다. 부인이 죽은지 3년, 그는 영혼이 죽은 뒤에도 존재함을 확실히 믿게 되었고, 부인이 영혼이 되어 나타나게 된 뒤 겪은 일들을 "나 당신 사랑해"라는 책으로 써냈다.

이 책은 D 출판사에서 나와서 베스트 셀러가 되었노라고 했다.

그는 아직 40대 중반의 사나이였다.

눈에 보이지 않는 아내의 영혼과 3년을 지냈으면 이제 그만 해방이 될 때도 되었다고 생각을 한다. 부인이 정신병 앓는 것을 시중든 8년까지 합하면 11년이 흘러간 셈이다.

우리 여직원이 '재혼을 하셔야지요' 하니까, 그는 우는것과 같은 표정을 지으면서,

"그래야지만, 아내가 놓아주어야지요."

하더란다.

나는 그가 쓴 책을 받고 펼쳐든 순간, 갑자기 토할것 같은 현기증을 느꼈다.

흔히 영혼이 빙의되려고 할 때 느끼곤 하는 현상이다. 나는 이날부터 건강이 좋지 않아졌다. 발에 있던 상처가 갑자기 악화되어 한국병원에 입원해야만 했다. 이성춘씨의 부인의 영이 나타나서 내가 자기를 저승으로 쫓아버릴까봐 해꼬지를 한 탓이 아닌가 한다.

그러나 부인의 영혼은 머지않아 내 인도로 저승으로 가게 될 것으로 생각이 된다.

이성춘씨는 부인과 같은 분령체를 가진 여인과 만나서 재혼을 하게 될 것이고, 그 두번째 부인의 몸을 빌려서 이번에는 딸로 재생되게 될 것으로 생각이 된다.

내가 보기에 이성춘씨는 전생이 에마뉴엘 스웨덴보그고 그 부인은 일찍 세상을 떠난 스웨덴보그의 딸이 다시 태어난 경우라고 생각이 된다. 스웨덴보그는 딸의 갑작스러운 죽음으로해서 심령과학을 연구하게 되었고 이성춘씨는 부인의 죽음으로 해서, 영혼이 실재하는 존재임을 세상에 책을 써서 알리게 된것이라고 생각이 든다.

이제 남은 것은 부인과 같은 분령체를 만나서 재혼을 하여, 그 두번째 부인의 몸을 빌려서 죽은 아내를 다시 재생시키는 일이 남아 있을 뿐이라고 생각한다.

전혀 다른 여자에게서 태어난 딸이 차차 자라면서 점점 죽은 부인을 닮아가게 된다. 이번에는 그는 〈나, 너를 사랑해〉라는 책을 쓰게 될 것이다. 그리고 내 구실은 두번째 부인과의 결혼식의 주례를 서주는 일이다.

영혼은 분명히 존재하며 다시 태어난다는 사실을 세상에 널리 알려주는게 이제부터 이성춘씨가 해야할 일이라고 생각한다. 그러기 위해서 이제 죽은 부인에게서 해방이 되어서 새로운 보금자리를 마련해야 된다고 생각한다. 한편 이성촌씨 이야기에 의하면 그는 이 책에서 처가집의 비행(非行), 주로 여성관계를 폭로했는데 그것이 어떤 뜻을 갖는지 나에게 물어 왔다.

나는 대답했다.

그것은 〈나 당신 사랑해〉 책에 폭로되어서 창피를 당하므로서 처가집 식구들의 업장이 소멸된 것이라고 이야기해 주었다.

친정 식구들의 잘못을 죽은 부인으로 말미암아 세상에 공표하므로서 큰 창피를 당했으니, 당사자들은 살아 생전에 업장을 소멸했으니 재생(再生)한 뒤에 또다시 벌을 받는 일은 없을 것이라고 이야기해 주었다.

잘 납득이 되는 눈치였다.

나는 이성촌씨가 또다시 행복해지기를 간절히 바라고 있다.

3. 잠을 이루지 못하는 사람들

지금 내가 일하고 있는 체질개선연구원의 응접실 벽에는 벽송(碧松)이라는 서명이든 홍익인간이라고 쓰여진 족자가 걸려 있다.

이 족자를 써주신 분에 대한 희한한 이야기 한토막을 소개해 볼까 한다.

지금부터 20년전 내가 동민문화사(東民文化社)라는 출판사를 경영하고 있었던 때의 일이었다.

우리 출판사에서 펴낸 〈한국아동문학전집〉을 월부판매하기 위하여 외판원들을 모집한 일이 있었다.

외판책임자였던 정기수(가명)씨의 아이디어에 의하여 국민학교 교원으로 퇴직한 분들을 모집을 했더니 많은 분들이 응모를 해왔었다.

이때 외판원으로 채용된 사원들을 앞에 놓고 나는 이런 이야기를 했다.

지금 여러분들은 교직에서 물러나 놀고 있는데 앞으로 체질개선을 통하여 새로운 사람이 되어서 보람있는 인생을 보내지 않겠느냐고, 그래서 우선 체질개선한 결과가 어떻게 된다는 것을 보여주기 위하여 여러분들 가운데 상식으로 해결하기 어려운 고민이 있는 분은 서슴치말고 이야기를 하시라. 다만 돈이 없어서 고민인 것만은 여러분들의 노력으로 벌도록 하라고 했다.

나의 이야기를 듣고 한바탕 폭소를 떠뜨리는 가운데 내 바로 곁에 앉았던 얼굴이 바싹 여위고 새카만 S라는 분이 일어섰다.

“지금 상식으로 해결할 수 없는 고민을 해결해 주신다는 말씀이 있었는데 제가 바로 그 경우에 해당되는 것 같습니다. 저는 한달 전에 마포 지금의 집으로 이사를 왔는데 그날 부터 온 집안 식구들이 밤에 잠을 자지 못하게 되었습니다. 식구들 모두가 꼭 도적이 드는것과 같은 불안감을 떨어버릴 수가 없는 것입니다. 불면증 때문에 신경이 곤두선 탓으로 저는 직장에서 교장과 쓸데없는 말다툼으로 해서 학교에서 쫓겨나야만 했고, 아내는 수술했던 맹장이 재발해서 하마터면 죽을뻔한 소동을 겪어야만 했습니다. 이사온 집에 무슨 원인이 있는 것 같은데 사장님께서 해결해 주실 수 있다면 정말 고맙겠습니다.”

그의 얼굴을 보니 관상에서 말하는 사상이 되어 있었다.

그날 나는 그와 함께 마포 그의 셋집을 찾았다.

집은 높은 언덕 위에 자리잡고 있는 가게집이었는데, 집 바로 옆에는 이름모를 고분이 둘 있었다.

S선생의 셋집을 보니 나의 눈에는 환상이랄까, 하여튼 이상한 풍경이 펼쳐져 보였다.

집도 마을도 사라지고 주위는 깊은 산 속으로 변해 있었다.

말 탄 사냥꾼 일곱사람이 큰 멧돼지를 몰이해 오는 장면이었다.

그들이 입은 옷 모양으로 보아 아주 상고시대(上古時代) 사람들인게 분명했다.

그중 얼굴에 수염이 많이 난 사람이 쏜 화살에 멧돼지는 거꾸러졌다. 멧돼지는 분명 죽은 것 같았다.

화살을 쏜 사람이 옆에 따르는 아들인듯 싶은 사람에게 멧돼지가 죽었느냐고 물었다.

질문을 받은 젊은이는 멧돼지가 죽은게 틀림없다고 했다.

일행은 쓰러진 멧돼지 근처로 가까이 갔다.

활을 쏜 사람이 멧돼지가 죽었는지 여부를 확인하려고 말에서 내리려는 순간, 죽은 줄 알았던 멧돼지가 벌떡 일어서면서 말의 배를 치받았다. 그리고는 멧돼지는 그 자리에 쓰러져 숨을 거두었다.

말은 놀라서 곤두섰고 다음 순간, 말에서 내리려던 사람은 낙마(落馬)를 했다.

낙마를 한 순간, 바위 모서리에 머리를 심하게 다쳤다. 유혈(流血)이 낭자했다.

일행이 붙들고 통곡을 하는 것을 보니 죽은게 분명했다.

그들은 하는 수 없이 시체를 그 자리에 가매장을 하고 지금의 철원 쪽으로 말을 몰고 사라졌다.

그뒤 아주 오랜 세월이 지난 뒤였다.

고구려의 어느 왕이 말년에 이르러 자기 생전에 왕릉을 만든 일이 있었다. 그런데 어찌된 영문인지 왕의 시체를 안치할 석실(石室)의 한쪽 벽의 조각이 뜻대로 되지 않았다.

왕의 지엄한 분부를 받은 석수장이는 왕의 허가를 받아 백일기도를 올렸다.

백일기도가 끝나던 날, 석수장이는 이상한 꿈을 꾸었다.

금상왕이 꿈에 나타나 전생(前生)에 자기가 죽어서 묻혀 있었던 무덤을 가리키면서 그곳에서 수백년을 지내면서 바라보던 석실의 벽의 조각이 자기 마음에 드니 그것을 옮겨다 쓰도록 하라고 했다.

그 무덤은 이제 주인이 없는 무덤이니까 아주 이번 기회에 없애버리라는 당부도 잊지 않았다.

그 버려진 무덤이 어디 있다는 것도 자세히 일러주었음은 물론이다.

석수장이는 왕에게 자기가 꾼 이상한 꿈 이야기를 자세히 고해바쳤다.

왕의 허가가 내렸음은 물론이다. 그리하여 지금의 S선생이 사는 집자리에 있던 무덤은 파헤쳐졌다.

꿈에서 본 그대로였다.

석실의 벽에 새거진 조각들은 다시 분해되어 운반되었고 그 무덤은 그대로 버려진 무덤이 되었다.

여기서 나는 환상의 세계에서 다시 현실세계로 돌아왔다.

"그러니까 S선생이 세든 이 집은 그 옛날 아득한 태고시대에 왕릉이었던 셈이죠. 그리고 그때 죽은 사람은 S선생의 전생에서의 부친이셨고, 그 분을 돌아가시게끔 멧돼지가 죽었다고 이야기한 사람이 바로 S선생이었던 것입니다."

너무나 상식으로서는 헤아리기 어려운 이야기라 S씨는 두 눈을 껌벅이며 내 이야기에 귀를 기울일 뿐이었다.

"그러니까 이 집은 낮에는 보통 집이지만 밤이면 다시 옛날의 왕릉으로 돌아가는 것입니다. 무덤의 주인이 밤에 돌아와 보니 전생에서의 자기의 아들이 이곳을 차지하고 있었죠. 그가 노여워한 것은 당연한 일입니다. 아시겠어요!"

나는 S씨에게 이렇게 이야기했다.

정성으로 먹을 갈아서 〈모르고 한 일이니 용서하세요. 조상님에게 감사 드립니다.〉

이런 글을 써서 북쪽 벽에 붙여놓으라고 했다.

그리고는 S씨와 그의 부인과 한손을 마주 잡은채 나만이 아는 특수한 방법을 베풀었다.

"아마 오늘밤에는 편안히 주무실 수 있을 겁니다. 내일 다시 만납시다."

나는 어리둥절해 있는 S씨 부부를 남겨놓고 집으로 돌아왔다.

다음 날 회사에 출근하니 S씨가 밝은 표정을 짓고 이미 나와 있었다.

아침 조회시간에 모두들 모인 자리에서 나는 S씨에게 지난 밤에는 어떻게 되었느냐고 물었다.

"네, 어제 밤에는 초저녁부터 모두 잘 잤습니다. 정말 신기한 일이었습니다. 그런데 밤중 열두시 쯤이었어요. 가게터에서 자던 개가 일어나더니 우리 방 문을 자꾸 덜컹거리며 흔드는 것이었습니다. 그래 문을 열었더니 방안을 들여다보며 벽에 걸린 글씨를 유심히 보더군요. 그리고는 다시 제 자리로 돌아갔습니다. 새벽 네시 쯤이었습니다. 개가 다시 방문을 흔들기에 문을 열어 보았더니 개는 제자리로 돌아가 다시 잠이 들어 버렸습니다. 그뒤로 아침까지 한번도 깨지않고 잘 잤습니다. 그런데 도대체 사장님께서 어떤 방법을 쓰셨길래 이런 이상한 현상이 일어난 것입니까?"

하고 S씨는 물었다.

그 설명을 나는 다음과 같이 해 주었다.

"땅에서 나오는 기운과 S선생 부부와 집과 이렇게 셋을 연결했습니다. 따라서 이 집에는 전에 없던 일종의 전자(電磁) 스크린 같은 것을 처 놓은 셈입니다. 밤이 되어 무덤의 주인이 돌아와 보니 들어갈 수가 없었습니다. 그래서 개에게 통신을 했습니다. 개가 방문을 흔든것이 바로 그 때문입니다. S선생이 방문을 열자 스크린이 내려져 무덤의 주인은 집안으로 들어와 벽에 써진 글씨를 보고 낮에 있었던 일을 알아차렸던 것입니다."

"그러면 새벽에 다시 한번 개가 방문을 흔든것은 무슨 때문이지요."

"그야 뻔한 일이지요. 새벽이 되어 돌아가려는데 스크린이 처져서 나갈 수가 없었습니다. 그래서 다시 선생을 깨운 것이지요."

"사장님께서 말씀하신 이야기는 도저히 믿어지지 않지만, 하여튼 어제밤에 처음으로 식구들이 편안히 잔 것만은 사실입니다. 잠을 잘 자고나니 정말 살것 같습니다. 그런데 저희가 이사 안가고 여기서 내내 살아도 괜찮겠습니까?"

"흉가집도 지니기 탓이라는 이야기가 있습니다. 앞으로는 S선생댁에는 조상의 영혼이 새로 보호령이 되셔서 모든 일이 잘 될 것입니다. 이사갈 생각은 안하시는게 좋습니다. 그리고 오늘 집에 돌아가시거든 바깥 문에다가 〈붓글씨 가르칩니다.〉 라는 글을 써붙이십시오. 앞으로는 심심치 않게 제자가 생겨서 아마 그것으로 생활이 되실 것입니다."

이 뒤, 내가 경영하던 동민문화사는 결국 〈한국아동문학전집〉 때문에 파산을 하고 말았다. S씨는 자연히 나와 헤어지게 되었는데 하루는 긴히 할 이야기가 있다면서 나를 찾아왔다.

"사장님 말씀대로 요즘은 저를 찾아주는 학생들에게 붓글씨를 가르쳐 주고 있습니다. 감사하다는 표시로 이 글을 써 왔습니다."

하고 내어 놓은 것이 바로 지금 나의 손님 대기실에 걸려 있는 족자이다. 벽송(碧松)이라는 아호도 내가 지어드린 것이다.

이 이야기를 보아도 알수 있는 일이지만 사람의 마음에는 몇천년 옛날로 거슬러 올라 갈수 있는 능력이 있음을 알수 있을 뿐더러, 사람이 죽은 뒤에도 살아있는 조상령과 깊은 관련이 있음을 알수 있다고 생각된다.

4. 무서운 이야기

나는 40대 초에 심령능력자(心靈能力者)로 변신을 한뒤 20년째로 접어드는 셈인데, 그동안 산전수전을 다 겪어 왔다.

나도 20대 초반까지는 자주 매일 밤 가위에 눌리곤 했고, 정말 소름이 끼치게 무서운 감정을 느껴본 일도 많은 터이지만, 심령능력자로 변신하고부터, 어느덧 귀신을 상대하는 상담역 비슷하게 된 뒤로는 무섭다는 감정을 느낄 수 없는 성품이 되었다.

전문가가 된다는 것은 정말 대단한 것이어서 땅꾼이 뱀, 그것도 독사들을 아무렇지 않게 다루는 것과 마찬가지로, 심령능력자가 귀신을 상대로 하는 직업이 무서워진다면 그날 부터 일은 집어 치우는게 옳은 일로 생각이 든다.

무섭다는 감각은 자세히 살펴보면 일종의 미지(未知)의 현상을 직접 경험하게 될 때, 사람들이 자기도 모르게 느끼게 되는 소외감각(疏外感覺)의 한 종류가 아닌가 생각이 되는데 보통 사람들이 소름이 끼치게 무섭게 느껴지는 가지가지 심령현상(心靈現象)에 대해 나같은 사람이 거의 아무런 느낌을 갖지 않게 됨은 잘 알고 있는 현상이라는 느낌 때문이 아닌가 생각된다.

심령현상과 대면하게 된지도 이제 20년이 되기에, 설사 한 두명의 귀신들이 붙어 있어서 공갈을 쳐보았자, 이쪽은 눈 하나 깜짝하지 않게 되었고 비록 수많은 집단령(集團靈)들이 빙의되어 있다고 하더라도 나름대로 취급하는 방법을 이미 습득하고 있기에 하나도 두려울게 없는 터인데, 그런 나자신도 최근에 와서 온 몸에 소름이 끼칠 정도로 무서운 느낌을 가져 본 일이 있다면 여러분들도 짐짓 궁금해지리라고 생각한다.

오늘은 그 이야기를 해볼까 한다.

이른 봄, 이슬비가 부슬부슬 내리던 어느날 저녁이었다고 기억한다.

30대를 넘어선 한 여인이 열살 남짓한 어린 아들을 데리고 나를 찾아온 일이 있었다.

화려한 옷을 입고 야한 화장을 한 그 여인은 얼른 보기에도 예능계(藝能界)에 종사하고 있는 직업여성 같았는데 나중에 듣고 보니 직업 댄서라고 했다.

"사실은 제 아들에 문제가 있어서 안선생님을 찾아 온 것입니다."

하고 무엇인지 몹시 망서리면서 말을 잇지 못하는 것이었다.

"문제가 있다니 아드님에게 도벽이라도 있습니까?"

"아니, 그런게 아니고 마음에 문제가 있는 것이죠."

하고 어머니가 이야기한 바로 그 순간이었다.

"여보슈, 속아 넘어가선 안되우. 이 여편네는 사람들 앞에 나가면 어디서나 내 어머니 노릇을 하려고 드는데 사실은 나도 잘 모르는 계집이라오."

하고 열살먹은 어린애가 큰 두눈을 부릅뜨면서 목쉰 어른의 목소리로 이렇게 말한 순간, 나는 온 몸에 소름이 쪽 끼쳤던 것이었다.

설마, 이런 어린애가 40대가 넘은 거치른 사내 목소리를 내리라고는 상상도 하지 못했던 때문인지도 모른다.

"그러면 이분은 너의 어머니가 아니라는 거냐?"

"물론이죠, 내 어미는 벌써 오래 전에 저승으로 가셨다우, 웃기지 말라구요!"

"허!"

그야말로 열려진 입이 닫혀지지 않는 심정이었다.

"나, 말씀이야, 여기 오던 도중에 저 계집한테서 들은 이야기로는 임자는 뭐 귀신 떼는 전문가라며, 그 거짓말 사실이오?"

"글쎄 말이다!"

"아즘씨, 그것 보슈. 이 녀석 전혀 자신이 없지 않아. 허울 좋은 사기꾼이 분명허우."

이렇게 사람을 앞에 놓고 마구 이야기하는데는 나도 기가 막혀서 말문이 이어지지가 않았다.

"그럼 하나 묻겠는데, 도대체 자네는 누구지?"

"나 말씀이오, 나는 말이요, 올해 마흔살 되는 자갈치의 강이라는 사나이요!"

그 순간이었다. 나의 눈에는 형무소에서 처형을 받은 40살의 흉악범의 얼굴이 어린 아이의 얼굴과 겹쳐 보였던 것이었다.

나도 모르게 온 몸이 오싹했다. 정말 무섭다는 느낌이었다. 나로서는 오래 전에 잃었던 두려운 감각이 돌아온 느낌이었다.

"안선생님! 정말 죄송합니다. 이 아이는 평소에는 귀여운 어린이인데 하루에 몇번씩 이렇게 변신을 한답니다. 목소리도 굵어질 그럴 때는 제 아들 같지가 않습니다."

"씹겁할 소리 하지 마소. 내사 임자의 아들이 아니요, 허기야 몸이 어린애처럼 적어져 있다는 것은 알수 있지만서도 그래도 내사 임자의 아들은 아닝기라. 내사 올해 마흔살 된 강이라는 사내잉기라. 부산의 자갈치에서 귀신잡는 강이라고 하면 모두 벌벌 기었등기라, 알겠소. 아즘씨!"

정말 기가 막히는 이야기가 아닐 수 없었다.

나는 이 아이의 어머니가 갖고 온 본인의 사진을 말없이 보여주었다.

"그 녀석 되게 성질 사납게 생겼구마."

"이게 너의 얼굴이라고는 생각지 않니?"

"말 같지도 않은 소리 작작하소. 이 문둥이가 어째 내 얼굴이라는 거요."

이 소년의 부모는 둘이 다같이 예능계에서 일하던 사이였다고 했다.

2~3년 전에 둘이 다같이 외국에 일하러 나갈 기회가 있었다고 했다.

그 무렵, 우리나라의 법(法)은 젊은 부부가 함께 외국에 나갈 수는 없는 제도였기에 이들 부부는 편의상 합의이혼을 한뒤, 외국에 나갔던 것인데, 그것이 그대로 진짜 이혼이 되어서 남편이 미국에 간채 돌아오지 않고 행방불명이 되고 말았다는 이야기였다.

지금에 와서는 어떤 뜻하지 않은 사고가 일어나서 연락이 끊어진 것인지 또는 일부러 처자식을 버린 것인지 조차도 확인할 길이 없다는 이야기였다.

어머니는 낮이면 직장에 나가고 아들은 아무도 없는 아파트에서 혼자 집을 지킬 수 밖에 없었다고 했다.

굉장히 감수성이 예민한 아이여서 자기의 처지를 슬퍼하여 걸핏하면 죽고 싶다는 말을 입버릇같이 내뱉곤 했다는 이야기였다.

"댁의 아드님은 그런 어느 날, 영혼이 몸에서 빠져 나갔던 것입니다."

"네? 그게 무슨 뜻이죠?"

"그때 마침 그곳을 지나던 방금 형무소에서 처형되어서 죽은 마흔살 된 강이라는 흉악범의 영혼이 아드님의 몸 속에 들어가게 된 것이죠."

소년의 어머니가 내 이야기를 듣고 소스라치게 놀란 것은 물론이었다.

"그런 일이 정말 있을 수 있을까요?"

"일어날 수 있습니다."

"그러고 보니 지금 같은 때는 전혀 저를 알아보지 못합니다. 하지만 어떤 때는 어머니라고 부를 때도 있답니다."

"그 때에는 아드님의 영혼이 제자리에 돌아 왔을 때인 거죠."

"목소리도 그때는 평소의 이 아이의 목소리랍니다."

"알겠습니다."

여기서 나는 이 부인에게 한마디 하지 않을 수 없었다.

"부인은 이 아이를 당신의 아들이라고 생각하고 전혀 경계하고 있지 않지만, 자기가 마흔살 먹은 강이라고 주장할 때의 아드님은 몸은 비록 아드님이지만 마음은 전혀 다른 어른인 것입니다."

"네, 잘 알겠습니다. 어떻게 해서든 이 아이의 마음이 다시 돌아오도록 할 수는 없을까요?"

"글쎄요. 지금 당장은 저도 뭐라고 말할 수가 없군요. 그런데 지금은 열한살이니까 만일 이 상태로 열네살 이상 되거든 다른 방을 쓰셔야 합니다."

"그건 무슨 뜻이죠?"

"혹시 잘못했다가는 아드님에게 겁탈당할지도 모르기 때문이죠?"

이때, 놀란 여인의 얼굴은 정말 가관이었다.

부모의 무책임한 생활때문에 산채로 아들의 영혼을 몸 바깥으로 몰아낸 그런 경우였다고 생각이 된다.

이날 이들 모자는 나의 연구원 준회원이 되어서 돌아갔는데 그뒤 석달이 지난 뒤, 다시 한번 찾아왔을 때는 이 아이는 보통 아이가 되어 있었다.

"조금만 더 '옴 진동수'를 마시게 하세요. 부인의 아들 영혼이 완전히 몸으로 돌아오게 되기 전에는 방법이 없습니다."

하고 나는 돌려보냈는데 사실은 걱정인 것이다.

과연 이와 같은 경우에도 제령(除靈)하는게 가능한 것일까? 제령한 순간에 죽거나 하면 그야말로 큰 사건이 될 것이기 때문이다.

내가 하는 일은 그날 그날 목숨을 건 일이지만, 생각하면 눈앞이 아찔해지는 귀신 상대로 상담역을 해 온지 20년째 되는 내가 자기도 모르게 온 몸이 오싹해진 무서운 이야기였다.

5. 지박령이 된 진시황(秦始皇) 이야기

벌써 여러 해 전 일이었다고 기억 됩니다. 나의 고등학교 시절의 후배라는 변귀동(가명)이라는 젊은이가 연구원을 찾아 온 일이 있었다.

변귀동에게는 한살 위인 형이 있었는데 둘이 다같이 백납에 걸려서 얼굴의 피부도 군데 군데 탈색이 되어 있었다.

백납이란 피부의 메라닌 색소 부족으로 생기는 병으로 흔히 노인들에게서 찾아볼 수 있는 병이고, 독한 유독개스가 나오는 공장에서 일하는 젊은이라든가, 페인트 일 하는 사람들에게서 어쩌다 찾아볼 수 있는 매우 드문 병이다.

의학적으로는 아직 그 원인이 규명이 되어 있지 않고 뇌하수체 홀몬 분비이상(分秘異常)에서 오는 질병이 아닌가 하는 설(說)이 있을 뿐이다.

나의 경험에 의하면 이 질병은 집단령(集團靈)의 빙의현상에서 오는 경우와 유독개스 중독에서 오는 두가지로 나눌 수 있지 않나 생각된다.

다같이 일정분량의 '옴 진동수'를 장기 복용을 시켜서 좋아진 예가 많고 빙의현상에서 비롯된 경우에는 불가피 제령(除靈)을 해야만 되는 것이다.

이때 변군과 주고 받은 이야기를 기억나는 대로 적어볼까 한다.

"변군과 형은 다같이 순교(殉教)한 김대건 신부(金大建 神父)님의 영혼이 둘로 갈라져서 재생한 경우 같네."

"네?"

하고 변귀동이 놀란 것은 물론이다.

"나는 김대건 신부가 어떻게 생긴 분인지는 모르지만, 아마 모르기는 해도 형제가 그분의 얼굴의 반쪽 씩을 닮았을 것 같은 생각이 드네. 그리고 미스터 변의 지금 나이는 김대건 신부가 순교하던 날 다음 날의 나이와 같은 것이 아닌가 생각되네. 그때 김신부와 함께 순교한 많은 신자들이 빙의되어서 생긴 질병 같네. 또한 자네들 형제는 이 병으로 말미암아 많은 고민을 하게 되고 앞으로 영능력자(靈能力者)가 되는 게 아닌가 싶네."

"사람이 재생한다는 이야기는 선생님의 책자에서도 읽었습니다만 정말 놀랐습니다."

"그리고 또 한가지, 자네들 형제는 단순히 김신부가 재생했다기보다는 복합령(複合靈) 같네. 따라서 남보다 유체가 발달되어 있어서 빙의되기가 쉬운 것일세."

하고 그날은 그냥 돌려 보냈다. 그런데 다음 날 일이다.

그 변귀동씨가 S출판사에서 출간한 김대건 신부의 전기를 갖고 다시 나타났다.

그 책에 실린 김신부의 사진의 얼굴이 변군 형제와 똑 같은 데는 필자도 놀라지 않을 수 없었다.

사실 필자는 과문한 탓으로, 김신부(金神父)의 전기(傳記)가 S출판사에서 출판된 일이 있음을 전혀 모르고 있었던 터였다.

"놀라지 마십시오. 이 책에 쓰여진 김 신부의 약력을 보니까, 순교하신 날의 나이가 바로 제가 선생님을 찾던 전날의 저의 나이와 똑 같은 것입니다."

하고 변군은 두 눈을 빛내면서 말하는 것이었다.

이로서 필자의 이른바 영사(靈査)가 적당히 그때그때 꾸며 댄 이야기가 아님이 적어도 변군 형제의 경우에는 적중하게 된 셈이었다.

이 뒤 변군은 여러 해에 걸쳐서 '옴 진동수' 복용의 가족이 되었고, 백납도 어느 정도 좋아지면서 여러가지로 영능력을 발휘하게 되었던 것이었다.

그런데 이런 변군이 어느 날, 필자를 찾아와서 아주 이상한 이야기를 들려 준 일이 있었다.

"원장님 말씀이 언젠가 저는 남보다 유체가 발달이 되어 있어서 빙의가 되기 쉬우니 조심해야만 한다고 하신 적이 있었지요?"

"그런 말을 한 적아 있지."

"그런데 놀라지 마십시오. 저에게는 지금 과거에 진시황(秦始皇)이었던 영혼이 들어와 있습니다. 한번 만나 보시지 않겠습니까?"

하더니 갑자기 그의 얼굴이 변모현상을 일으켜서 고무풍선에 바람을 넣은 것처럼 커지더니 무엇인지 알아들을 수 없는 이상한 말을 지껄여 대는데 분명히 중국어 같기는 한데, 어딘지 오늘날의 중국어와는 발음이 다르다는 느낌을 주는 것이었다.

"지금 진시황이 한 이야기를 한국어로 통역하면 '나는 틀림없는 진시황의 영혼이다. 나는 숨을 거두자 마자 곧 내 몸에서 빠져나가 다른 사람의 몸에 들어갔고, 이런 일을 지난 2000여년 동안 줄곧 되풀이 해왔기 때문에 아직 저승이라는 곳엘 한번도 가 본 일이 없다. 과거 역대의 위대한 중국의 천자(天子)들은 거의 대부분이 내가 빙의가 되었던 사람들이다' 라는 것입니다."

하고 변군은 필자의 얼굴을 뚫어지게 바라보는 것이었다.

"그것은 우주의 진리를 어긴 행동입니다. 당신도 이제 그만큼 방랑생활을 해오는 가운데 실질적으로 2,000년 이상 연명한 셈이니 이제 저승으로 가서 과거를 청산하고 진시황이었던 기억을 버리고 떳떳이 재생하도록 하십시오. 만일 그렇게 하지 않는다면 언젠가는 저승에서 파견된 사자(使者)들의 손에 붙잡히게 되어 지옥행(地獄行)을 면치 못하게 될 것입니다."

하고 필자는 준절히 타일렀던 것이었고, 진시황의 영혼도 필자의 권유를 따르기로 해서, 며칠 뒤 정식으로 제령을 해서 이탈을 하기로 굳게 약속을 했다.

그런데 약속한 날에 변군은 나타나지 않았고 얼마 뒤에 필자를 찾아와서 다음과 같은 이야기를 들려 주는 것이었다.

"그날 제가 집으로 돌아간 뒤였습니다. 진시황은 정말 놀랐다고 했습니다. 자기를 설득할 때의 안선생은 진정 예사 인간이 아니었고, 염라대왕의 분신(分身)같은 느낌이 들었다는 것이었습니다."

"내가 염라대왕의 분신이라고?"

필자가 어이 없는 웃음을 웃는 것은 물론이다.

"그래서 우선 급한 것을 면하기 위하여 안선생과 약속을 했지만, 자기는 아직 이 사바세계를 떠날 생각이 없을 뿐더러, 자기가 2,000여년 동안 여러 천자(天子)들의 몸에 빙의하면서 얻은 경륜(經綸)을 망각해 버리기에는 아직도 자기가 할 일이 남아 있기 때문에 떠난다고 말하고는 그냥 저의 몸에서 빠져나가고 말았습니다. 다음번에 안선생을 만났다가는 꼼짝없이 저승으로 끌려갈 것이기 때문에 도망치는 수 밖에 다른 도리가 없다는 것이었습니다."

하고 변군은 길게 한숨을 몰아 쉬는 것이었다.

이 이야기는 모두가 필자가 실제로 경험한 것일 뿐더러, 매우 드문 경우가 아닌가 한다.

이 이야기에서 우리는 죽은 사람의 영혼이 살아 있는 건강한 사람의 몸에 빙의되면 저승사자도 감히 데려갈 수가 없다는 것, 각자의 몸은 그 영혼이 거처하는 신성한 신전과 같다는 〈요가 경전〉에 쓰여진 말씀이 사실임을 알 수가 있다.

그러기 때문에 무신론자들의 많은 영혼이 죽어서 저승에 가지 않고, 사망 직후에 살아있는 사람들에게 빙의되는 일이 많다는 것, 그것이 크게 보면 인류 존망(存亡)과도 관계가 있는 큰 문제임을 알 수가 있는 것이다.

그뒤 변군이 필자와 만나지 않은 지도 여러 해가 지났다.

지금은 어느 누구의 몸에 빙의되어 있는지 모르지만, '진시황'의 영혼은 결코 평범한 사람의 몸에 들어가 있지 않음은 분명하다고 생각이 된다.

권력은 아편과 같다는 것, 일단 권력에 맛을 들이면 그 결과가 어떻다는 것을 보여 준 보기 드문 하나의 좋은 예가 아닌가 한다.

진시황의 영혼은 지금 어디에 가 있는지, 필자로서는 물론 알 수 없는 일이지만, 만일 인연이 있다면 언젠가 그와 다시 만나게 될지도 모르는 일이고, 필자의 손에 의해 저승으로 보내져서 보람찬 재출발을 하게 되기를 바라는 마음 간절하다.

이 글을 읽는 독자들 가운데 어쩌면 진시황의 영혼이 빙의된 영혼이 있을지도 모른다.

이 글은 뒤에 외국어로 번역될 예정이지만, 진시황의 영혼을 구해 주자는데 그 목적이 있음은 물론이다.

6. 헤이께무사(平家武士)들의 이야기

1980년 8월 초의 일이었다.

그때, 필자는 일본 대륙서방(大陸書房)에서 〈재령(除靈)〉과 〈심령문답(心靈問答)〉의 책을 내기 위해 일본어로 필자 자신이 번역한 원고를 갖고 두번째로 방일(訪日)중이었다. 필자의 숙소는 언제나 그러했듯이 도쿄(東京) 신주꾸(新宿)에 있는 썬·루우트·호텔이었다.

그날은, 아침 일찍 고바야시 즈이께이(小林瑞慧)씨가 찾아 와서, 자신의 친구 가운데 왜그런지 몹시 불운한 사람이 있어서, 무슨 일을 해도 실패하기 때문에 본인은 의기소침해서 지금은 거의 사는데 대한 의욕마저 잃다시피 되었으니, 어떻게 해서든 영사(靈査)를 해서 그 원인을 밝혀 주었으면 좋겠다는 이야기였다.

그분은 하야미 소오마(早見相馬)라는 분으로 오전 11시쯤 찾아 오겠다는 것이었다.

고바야씨를 보내고 난 뒤, 필자는 1층에 있는 식당에 가서 아침식사를 부탁했다.

그 순간이었다.

정말 뜻밖에도 어디선지 다음과 같은 내용의 이야기가 들려오는 것 같은 느낌이 들었다.

'우리들 헤이께(平家)의 무사(武士)들은 아득한 그 옛날 단노우라(壇之浦)의 싸움에서 패배를 하여 바다에 가라앉혀졌소이다. 그로부터 몇백년, 차디 찬 물 바닥의 진흙 속에 사는 헤이께 게의 껍질 속에 갇힌 바 되어 그 괴로움이란 필설(筆舌)로 표현하기 어려운 바가 있습니다. 부디 부탁하오니 귀하의 신통력에 의하여 저희들을 이 처지에서 구하여 주소서 기원하는 바이로소이다. 우리들 가운데에서 다이라노 고래모리(平敦盛)을 선택하여 우리들의 염력과 우리들 수호신들의 협력을 얻어서 이 땅 위에 재생(再生)시킨 바 있소이다. 그의 몸에 우리들은 매어달려 빙의령이 되었사오니 부디 저희들을 불쌍하게 여기시어 이 어둠 속에서 구조해 주소서, 부탁하는 바입니다. 우리들이 모두 무사히 무명(無明)의 어둠 속에서 구조되는 날에는, 앞으로 2~3년 사이에 헤이께게는 그 종자가 없어질 것인바, 이것으로서 증거를 삼고저 하나이다. 간절히 부탁드리는 바이로소이다.'

이와 같은 내용의 말이 고대 일본어의 문어체(文語體)로서 몇번이고 장중하게 되풀이 하여 들리는데, 필자는 오직 놀랄 따름이었다.

사실, 필자는 일본의 현대문에 대해서는 쓰고 읽는데 어느 정도 자신이 있었지만 다만, 문어체(文語體)로 된 고어(古語)에 대해서는 전혀 소양이 없는 터였다. 또 읽은 일도 없었다.

따라서 필자의 잠재의식에서 나온 말이라고는 생각이 되지 않았다.

그날, 약속한 시간에 하야미씨는 필자를 찾아 왔다.

그때 그와 주고 받은 이야기를 지금 기억나는 대로 대략 적어볼까 한다.

"당신은 헤이께(平家)의 패자들의 후손이 살고 있다는 마을 출신이 아닙니까?"

"네, 그렇습니다. 분명히 저는 그곳 출신입니다만 그것을 어떻게 아셨죠?"

"당신은 제가 영사(靈査)한 바에 의하면 오다 노브나가(織田信長)와 다이라노 고래모리(平敦盛) 그밖의 여러 영혼들의 복합령

(複合靈)이 아닌가 생각됩니다. 특히 오다 노브나가는 생전에 수많은 죄없는 사람들을 함부로 죽였기 때문에 그 영장(靈障)에 의하여 불운한 일생을 보내게 되어 있는 것입니다."

"저는 젊었을 때, 어느 유명한 점술가에게 운명 판단을 해받은 적이 있습니다만 중년 이후에는 오다 노브나가와 매우 비슷한 운명이고, 이것은 전생으로 부터의 무거운 영장때문에 어쩔 수 없는 일이라는 이야기를 들은 일이 있습니다."

하야미씨는 굉장한 미남자여서 지난날의 오다 노브나가가 이런 인물이 아니었던가 여겨지는 사람이었다.

이날 아침, 필자는 그의 몸에 빙의되어 있는 수몰(水沒)된 헤이께 무사들의 빙의령들을 정식으로 제령을 시켜서 유계행(幽界行)을 시켰지만, 하야미씨는 결국 필자의 연구원의 준회원도 되지 않았을 뿐더러 또한 필자의 노력에 대하여 아무런 보답도 없이 그대로 돌아가고 말았던 것이다.

과연 필자의 시술(施術)에 의하여 그의 몸에 빙의되어 있던 망령들은 무사히 성불(成佛)을 했다고 생각이 되지만, 그중에서 오다 노브나가에게 죄없이 무참하게 죽임을 당한 빙의령들의 제령은 불가능했던 것이다.

왜냐하면, 하야미씨가 필자의 영사 결과를 전혀 믿으려고 하지 않았고 또한 필자의 노력에 대하여 전혀 감사하는 마음을 갖지 않았기 때문이다.

그것은 어느 의미에서 오다 노브나가의 죄가 너무나 무거워서, 아직은 그 영장에서 완전히 해방될 시기가 오지 않았기 때문이라고도 생각이 된다.

빙의당한 사람이 진심으로 협력해 주지 않는 한, 진정한 뜻에서의 완전한 제령은 대단히 어렵다는 하나의 좋은 예가 아닌가 한다.

7. 재생된 사나다 유끼무라(眞田幸村)

1980년 가을이었는지, 1981년 봄이었는지 자세히 기억하고 있지는 않습니다만, 어느 날 오후 일본에서 장거리 전화가 걸려 온 일이 있었다.

필자가 쓴 책을 읽었다는 아마또 마사히로라는 분으로 부터의 전화였었는데, 머지않아 교또(京都)에서 기리야마 야스오씨(桐山靖雄氏) 주최로 '성제(星祭)'가 행해지는데 그 모임에 참가하지 않겠느냐는 이야기였다.

야마또씨의 모처럼의 호의는 고맙지만, 한국에서는 한번 출국한다는 것이 결코 쉬운 일이 아니기 때문에 필자의 지금 형편으로는 불가능하노라고 정중하게 거절하고 머지 않아 일본에 갈 계획이 있으니, 그때는 야마도씨에게 꼭 연락을 하겠노라고 말하고 그날은 전화를 통한 짧은 대화는 끝났다.

1981년에 들어서서 일본을 방문했을 때, 썬·루우트 호텔에 들어섬과 동시에 야마또씨에게 필자는 연락을 했다.

전날 전화로 통화를 했을 때는 야마또 마사히로씨는 50대 이상의 사람인줄 알았었는데 그날 저녁에 실제로 찾아온 그는 뜻밖에도 아직 미혼의 30대 초의 보기 드문 미남자인 데는 놀라지 않을 수 없었다.

일본의 시대극(時代劇) 속에서 그대로 빠져나온 것 같은 전형적인 전국시대의 무사(武士)라는 인상이었다.

노성(老成)한 목소리와 이에 전혀 어울리지 않는 젊은 미장부

(美丈夫)의 얼굴, 이와같은 사람을 필자는 지금까지 한번도 본 적이 없었다.

그때였는지, 몇시간 뒤였는지 분명히 기억은 하고 있지 않습니다만, 야마또 마사히로씨는 친구라고 하는 좋은 체격의 입이 무거운 사람을 데리고 왔다.

이때, 세사람은 썬·루우트호텔 이층에 있는 식당에 가서 함께 저녁식사를 했고, 그 곳에서 두명의 여성을 소개 받았다.

이날 저녁, 필자는 이들과 함께 상당히 오랜 시간에 걸쳐서 여러가지 이야기를 주고 받았다. 이런 일은 여간해서 없는 일이었지만, 필자는 완전히 자기 집 응접실에 앉아 있는 것과 같은 기분으로 이제부터 우리네 인류에게 닥쳐올 가능성이 있는 여러가지 사건에 대하여 이야기를 주고 받았다.

밤 늦게, 12시 가깝게 되어서 여러 사람과 헤어진 뒤에도 야마또 마사히로씨만은 필자의 방에 와서 새벽 2시 가까이 이야기를 주고 받았다.

한 사람과 여섯시간 이상을 함께 대화를 나누었다는 것은 여지껏 거의 없던 일 이었다. 더구나 필자는 저녁 일찍 취침하는 습관을 갖고 있는 터라, 자기 나라에서는 이런 일은 한번도 없었다.

이때 영사(靈査)에 대한 이야기가 나와서 야마또씨에게 필자는 이렇게 말했다.

"당신은 바로 전생에서는 도요또미(豐臣)씨를 위해서 싸웠던 사나다 유끼무라(眞田幸村)씨가 아니었던가 합니다. 얼마 전에 소개한 분은 미요시·세이까이·뉴우도(三好清海入道)[주 : 사나다의 가신(家臣)]이었던 게 아닌가 합니다. 지금 내 눈에는 일본식 상투를 튼 모습으로 보였습니다."

필자의 이 뜻하지 않은 영사 결과에 대해서 웃는 얼굴로 대한 야마또씨의 표정은 아주 인상적이었다. 희대(稀代)의 모사(謀士)라는 인상이었다.

“참으로 이상한 일입니다.

지금 당신의 얼굴을 보니까, 오오사까성(大阪城)이 낙성(落城)할 때 죽은 것은 사나다 유끼무라(眞田幸村)는 아니고 가짜였었다는 느낌이 드는 것입니다. 후일을 기하여 가짜를 오오사까성에 남겨두고 히데요시(秀吉)의 아들이었던 히데요리(秀頼)와 함께 야지마(尾島)라는 곳에 미리 군자금을 숨겨 놓고 숨어 살았던 것이 아니냐 하는 것입니다. 유끼무라(幸村)도 도꾸가와(德川)하고의 싸움에서 지게 되리라는 것을 미리 알고 있었던 모양입니다. 세도 나이가이(瀨戶內海)에 있는 야시마에 가면, 무엇인가 지금의 내 이야기를 뒷받침해 줄수 있는 전설을 섬의 고로(古老)로 부터 들을 수 있을 것 같군요.”

하고 필자는 이야기 했다.

“그것을 어떻게 아셨죠?”

“그것은 당신의 간뇌(間腦)에서 나오는 뇌파의 파장에 동조한 결과 알게 된 것입니다. 결코 내가 생각해 낸 것은 아닙니다. 여러가지 정경이 보입니다. 야시마에 숨어 산 유끼무라는 그곳 관리들을 잘 포섭해서 남만지방(南蠻地方)과 밀무역을 상당한 규모로 했던 게 아닌가 생각됩니다. 도꾸가와 정부에게 발각이 되지 않았다는 게 유끼무라가 굉장한 모사였었다는 증거인 셈입니다.”

야마또씨는, 필자에게 일본에 귀화할 생각은 없느냐고 물었다.

필자에게 있어서는, 이것은 전혀 뜻하지 않았던 충격적인 말이 아닐 수 없었다.

“제가 아는 한, 지금의 일본에는 외국인의 귀화를 공식적으로 받아들이는 제도도 없다고 생각합니다만, 그것보다도 저는 어디까지나 조국에 충실한 한국인으로서의 신분을 버려서는 절대로 안되는 입장에 서 있는 사람입니다. 지금 한국에서는 미국에 귀화하는 것은 아무렇지 않게 여기고 있습니다만, 과거의 여러가지 경위가 있기 때문에, 일본에 귀화한다는 것은 조국을 배반한 매국노(賣國奴)가 된다는 뜻이 되는 것입니다. 물론 심령과학적으로 보면, 인간은 과거세(過去世)에 여러 나라 사람으로 재생을 해 왔고, 저로서도 과거세에 일본인으로서 적어도 6대(代) 이상에 걸쳐서 살았다는 기억이 있기는 합니다만, 현실에 있어서는 저는 틀림없는 한국인인 것이며, 또한 대부분의 사람들에게 있어서는 아직도 민족관이라는 것이 남아 있는 게 사실이고, 지구인은 모두 동포라는 생각은 아주 소수의 사람들만이 믿고 있는 터이기에 그런 일은 절대로 불가능하다고 생각합니다. 저는 어느 누구보다도 조국인 한국을 사랑하고 있고, 또한 어느 일본인 보다도 일본의 장래를 걱정하고 있는 사람입니다. 저는 지금까지 10년이상, 우리나라에서 심령능력자(心靈能力者)로서 열심히 일해온 것에 비하면 과히 인정을 받고 있지 않은게 사실이긴 합니다만, 그렇다고 해서 저의 조국인 한국을 사랑하는 마음에는 터럭 만큼의 변화도 없습니다.

저는 제가 발견했다고 믿고 있는 진리를 일본 사람들에게 전수하기 위하여 잠시 찾아온 것 뿐인 것입니다. 결코 제자신이 알고 있는 새로운 지식을 가르쳐 주려고 온 것은 아닌 것입니다. 지난 날에 왕인 박사가 그렇게 했듯이 '옴 진동'의 원리와 체질개선의 원리 및 제가 발견했다고 생각하는 새로운 심령학의 지식을 전하러 온 것 뿐입니다. 저로 부터 새로운 지식을 전해 받은 사람들이 나름대로 소화를 시켜서 일본인의 일은 일본인들 손으로 해결하는 것이 당연하다는 것이 저의 신조인 것입니다. 일본에 있어서의 제가 할 일이 끝나게 되면 저는 대만이라든가, 미국 또는 프랑스를 찾아가게 될 것입니다. 그들이 과연 일본인들과 같이 저의 새로운 이론을 받아드릴지 아닐지는 지금은 미지수입니다. 그러나 비록 받아 들여주지 않는다고 하더라도, 저로서는 최선의 노력은 다해야 할 것으로 생각합니다. 그것은 누구건 새로운 진리를 발견한 사람이 갖는 의무가 아닌가 합니다."

하고 필자는 쓸쓸하게 웃었다.

미국이나 구라파의 여러 나라들은 그 대부분이 기독교를 믿는 나라들이며 인간의 혼(魂)이 윤회전생(輪廻前生) 한다는 생각은 그들에게 있어서는 금지된 사상인 것이다.

또한 동물에게는 혼이 없다고 생각하여 동물을 죽이는 것은 아무렇지도 않게 여기고 있을 뿐만 아니라, 기독교를 믿지 않는 이교도들은 경우에 따라서는 가차없이 죽여도 좋다고 하는 것이 바로 얼마전 까지도 그들이 갖고 있던 사상이 아닌가 한다.

그 가장 좋은 예로, 미국인들은 미국 대륙의 원주민이었던 인디안들을 이 땅 위에서 거의 사라지게 만든 것은 심령학적으로 보면 말로 표현하기도 어려운 큰 죄를 범한 것이 됩니다만, 오늘날의 미국인들은 지극히 당연한 일로 받아들이고 있고, 하나의 죄의식도 갖고 있지 않다.

이것이 큰 문제라고 생각된다.

하기야 어쩌면 이 때문에 미국이 2차대전 이후, 세계의 여러 나라들을 물심양면으로 도와 온 것인지도 모른다. 그것이 속죄한 것이 되어서, 앞으로도 자유세계를 지키는 맹주로서 계속 지금의 자리를 유지해 준다면 얼마나 좋은 일이겠는가?

이야기가 달라지지만 이때 필자는 야마또씨에게 필자의 영사결과가 만일 옳다면, 필자의 의견을 뒷바침해 주는 일이 조만간 일어날지도 모른다고 했다.

최근에 일본에서는 히데요리(秀頼)가 죽지 않고 살아 남았고, 그의 자손이 존재한다는 전혀 새로운 내용이 담긴 책이 나왔다고 한다.

필자의 영사 결과가 우연히 적중한 것인지 아닌지, 그것은 여러분들이 판단할 일이 아닌가 한다.

8. 가보(家寶)인 꽃병을 지키는 영(靈)

1981년에 〈방랑4차원〉의 원고를 갖고 일본에 갔을 때의 일이다.

준회원(準會員)으로서 8개월 이상 '옴 진동수'를 마셨지만, 아무래도 좋은 결과가 나오지 않는다는 준회원들이 열명 가깝게 '썬 · 루우트호텔'로 필자를 찾아온 일이 있다.

그분들을 호텔의 작은 회의실에 집합을 하게 하여 필자는 간단한 연설을 했다.

강연이 끝난 뒤에 필자의 방에 들어오게 하여 한 사람 한 사람 영사를 하여 제령을 해드렸다.

그때, 여러분들이 보는 앞에서 필자가 행한 '제령'에 대하여 이야기를 해볼까 한다.

가네다 교오꼬(金田京子 · 가명)씨는 언제나 두 어깨가 무겁고 우울하여, 낮에 바깥을 나다니는 게 괴롭고 해빛을 보면 눈이 부셔서 뜰 수가 없고, 몸이 항상 무겁고, 왜 그런지 곧 죽을 것 같은 강박관념에 사로잡혀 있는 이른바 중증(重症)의 노이로오제 환자였다.

어떤 분의 소개로 필자의 저서(著書)를 읽고 준회원이 되었는데 '옴 진동수'를 마셔서 그 결과 머리 무거운 것은 좀 가벼워지기는 했지만, 근본적인 노이로오제 증상은 조금도 좋아지지 않았다는 이야기였다.

"그런데 말씀입니다. 저의 언니는 저 보다도 더 심한 노이로오제였습니다만, 제가 날라다 준 '옴 진동수'를 마시고 완전히 좋아졌습니다. 언니는 그동안 정신병원에도 입원을 했고, 여러가지 치료를 받았지만 전혀 효과가 없었습니다. 그런데 '옴 진동수'를 마시기 시작한 뒤 두 주일만에 완전히 정상인이 되었습니다. 언니보다도 병이 가벼웠었던 저는 조금도 좋아지지 않았는데, 언니는 완쾌되었으니 정말 이상한 일이 아닐 수 없습니다."

가네다 여사는 이렇게 호소했다. 이하, 기억을 더듬어서 그녀와 주고 받은 이야기를 적어 볼까 한다.

"부인께서 이런 병에 걸리기 6개월에서 1년 사이에, 무엇인가 집에 대대로 전해 내려오는 중요한 물건으로 이를테면 가보(家寶)라고 할 수 있는 것으로서 꽃병 같은 것을 깨뜨린 일은 없었습니까?"

"그런 일이 있었습니다. 남편 집은 대대로 내려온 의사로서 조상님들은 영주(領主)님 밑에서 일하던 전의(典醫)였다는 것입니다. 몇대전의 조상님은 영주님의 급환(急患)을 구한 상(賞)으로서 대명국(大明國)에서 전해 온 꽃병을 하사받은 일이 있어서, 그것이 저의 집안의 가보가 되었던 것입니다. 그런데 제가 실수를 해서 그 꽃병을 깨뜨렸지 뭡니까? 생각해 보니까 그로부터 여섯달 뒤에 지금의 질병이 발생한 것 같습니다."

"그 꽃병은 오쯔루라는 조상님의 영혼이 지키고 있었던 것입니다. 부인이 실수해서 꽃병을 깨뜨렸기 때문에 그분이 화를 내어 부인에게 빙의가 된 것이 분명합니다."

필자는 이렇게 설명해 준 뒤에, 가네다 교오꼬 부인에게 붙어 있는 영을 준절히 타일렀다.

아무리 소중한 물건이라도 이것이 물질로 만든 것인 이상, 언젠가는 부서지게 마련이라는 것, 또한 그것이 아무리 귀중한 가보라고 하더라도 며느님의 목숨보다는 소중하지 않다는 것, 교오꼬 여사의 잘못을 용서하고 하루라도 빨리 유계(幽界)로 돌아가셔서 새로 재생하여 인간 세상에 태어나서 과거세(過去世)를 잊도록 하라고 타일렀던 것이다.

필자가 이와 같은 이야기를 할 때, 교오꼬 여사는 두 눈을 감은 채 몇번이고 고개를 끄덕였다.

제령이 끝난 뒤였다.

"아, 두 어깨가 아주 가벼워졌습니다. 잘 자고 난 뒤와 같은 상쾌한 기분입니다."

하고 교오꼬 여사는 명랑하게 이야기를 했다.

"영혼에게 빙의되었던 사람은, 거의 예외없이 유체(幽體)가 발달되어 있기 때문에 또다시 다른 망령(亡靈)들에게 빙의 될 가능성이 있으니까, 고바야시씨(小林氏)에게 부탁해서 방어용 은반지를 끼도록 하십시오."

이날부터 가네다 여사는 노이로오제 증상이 완전히 사라지고 건강하게 되었다는 이야기이다. 제령이 성공한 하나의 좋은 예가 아닌가 한다.

9. 빙의령(憑依靈)이 된 말 이야기

가네다 여사와 함께 필자를 찾아온 준회원들 가운데 와다나베(渡邊)라는 성(姓)을 가진 부부가 있었다. 남편은 아주 건강했지만 부인은 얼굴에 마비가 일어나서 한쪽이 뒤틀려 있었다.

얼굴의 반쪽은 전혀 감각이 없다는 이야기였다. 용하다는 침장이는 모조리 찾아다녔고, 한약도 많이 먹었지만 이상하게 조금도 좋아지지를 않는다는 이야기이다.

와다나베씨와 인사를 나눈 순간, 닛다 요시사다(新田議貞)라는 이름이 머리에 떠올랐기에,

"와다나베씨는 닛다 요시사다라는 분과 무엇인가 깊은 인연이 있는 것 같습니다. 그분의 재생이거나, 또는 그분의 보호령이거나 어느 편이 아닌가 합니다."

라고 말했는데,

"사실 저희의 먼 조상이 닛다 요시사다입니다. 집안에는 족보도 남아있고 이것은 확실한 이야기입니다."

하고 와다나베씨는 굉장히 좋아했다.

필자의 영사 능력이 결코 아무렇게나 말한 것이 아님이 여러분들 앞에서 증명된 셈이었다.

부인을 보니까, 이것은 전생에 원인이 있는 것으로 판명이 되었다.

"당신은 전생에서 아끼다껜의 시골에서 산 일이 있고, 그때 집에서 기르던 말에게 자기도 모르게 큰 가시가 든 먹이를 먹게 하여

그 때문에 말은 죽었던 것입니다. 그때 죽은 말의 혼이 당신을 원망해서 빙의가 된 것입니다. 젊었을 때는 그런대로 괜찮았습니다만, 중년이 되어 몸이 약해지면서 심장도 약해져서, 이와 같은 현상이 일어나게 된 것입니다."

하고 필자는 영사 결과를 이야기하고, 그 자리에서 말의 혼(魂)을 잘 타일러서 이탈(離脫)시켰다.

말의 혼이 떠나자, 그렇게 생각해서 그런지 부인의 얼굴에 약간의 변화가 일어났다.

"매일 댁에서 테이프로 진동시술을 하십시오. 그러는 동안 좋아질 것으로 생각합니다."

자기가 만든 원인은 그것이 어느 때, 어떤 경우에 이루어진 것이든 결국 언젠가는 본인의 몸에 나타난다는 하나의 좋은 예가 아닌가 한다.

10. 석불(石佛)의 정기가 태어난 여인

계속해서 필자가 영사한 어느 중년 부인의 이야기를 해 볼까 한다.

이 부인은 뛰어난 영능력자가 아무리 몇번 제령을 해도 곧 다른 영혼이 달라 붙어서 어찌할 수가 없다는 이야기였다.

필자가 운영하고 있는 연구원의 준회원으로서 일본인으로서는 첫번째 준회원이 된 와다 · 히로시(和田博)씨는 뛰어난 영능력자로서 거리를 뛰어 넘어서 원격 심령치료를 할수 있는 분이었는데, 이 여성은 그분의 환자로서 보기 드문 어려운 경우가 아닌가 싶다.

필자는 마음을 텅 비게 한뒤, 앞에 앉아 있는 여성의 영파(靈波)에 동조를 했던 바, 갑자기 그 여인의 모습이 거대한 석불(石佛)로 변신되어 보였다.

동시에 그 돌부처의 온 몸에는 이루 헤아리기 어려울 정도의 수없이 많은 망령들이 마치 과자에 모여든 파리와 같이 달라 붙어 있는 것이다. 그런데 그 돌부처가 큰 두눈을 번쩍 뜨고 필자를 뚫어지게 지켜 보았는가 싶더니, 정신을 차려보니 이상도 해라, 돌부처의 모습은 자취도 없이 사라지고,

"어떻습니까? 무엇이 보입니까?"

목쉰 가냘픈 목소리로 환자인 여성이 필자를 물끄러미 지켜보고 있는 것이었다.

"당신은 전생에서는 인간은 아니었습니다."

"그러면 동물의 영혼이 사람이 되었다는 말씀입니까?"

환자는 뜻밖이라는 표정으로 중얼거렸다.

"아니, 그런 뜻으로 말한 게 아닙니다. 일본의 어딘가에 영험이 대단한 돌부처가 있어서, 몇백년 동안에 걸쳐서 수많은 사람들의 기도하는 염력(念力)이 뭉쳐져서 하나의 마음이 되었고, 그 마음이 인간의 모습을 취하여 태어난 것이 부인입니다.

그러니까 우리들 살아 있는 인간들의 눈으로 보면 부인은 틀림없는 인간이지만 육체를 잃어버린 망령들이 보기에는 살아 있는 부처님으로 보이는 것입니다. 그러니까 아무리 제령을 해도 자꾸만 연달아 빙의가 되는 것입니다."

하고 필자는 그녀에 대한 영사 결과를 설명해 주었다.

이어서 필자는 제령의 과정을 통하여 빙의되어 있는 영혼들에게 그녀는 살아 있는 육체인간이며, 살아 있는 돌부처는 아니라는 것을 준절히 타일렀다.

그 순간이었다. 갑자기 눈 앞에 진한 안개가 끼는가 싶더니, 필자의 눈앞에 앉아 있는 여성의 모습이 돌부처로 변신을 하더니, 그 돌부처가 점점 작아지면서 뒤로 멀어지더니, 그 밑에서 두 눈을 감고 앉아 있는 여인의 모습이 선명하게 나타났다.

"이제는 걱정 없습니다. 서서 걸어보십시오."

하고 필자는 자신을 갖고 말했다. 환자인 그 부인은 이윽고 일어서더니 방안을 걷기 시작했다.

"몸이 훨씬 가벼워진 것 같습니다."

이렇게 말하는 목소리도 그렇게 생각해서 그런지 훨씬 맑아진 느낌이었다.

"당신은 유체가 보통 사람들 보다 훨씬 발달되어 있기 때문에 영혼이 달라붙기 쉬운 것입니다. 고바야시(小林)씨에게 부탁을 해서 은반지에 '옴 진동'을 불어 넣어 끼도록 하십시오."

그 다음날이었다

이 부인으로부터 전화가 걸려 왔다. 다른 사람이 아닌가 착각할 정도로 힘있는 목소리로 인제는 몸이 좋아졌노라고 고맙다는 인사를 하는 것이었다.

11. 지박령들 이야기

1976년도 여름이었다고 기억된다.

영등포에 공장이 있는 S물산의 생산 관리부 부장이라는 젊은이가 나를 찾아온 일이 있었다.

명함을 받고보니 S물산은 나도 그 이름을 들어본 일이 있는 회사였다.

방직물 뿐만 아니라, 종합무역상사로서도 이름이 있는 회사니까 여기서 본명(本名)을 밝히면 누구나 (아 그 회사로구나!) 하고 쉽사리 알수 있는 이름이었다.

"안선생님을 찾아뵙게 된 것은 다름이 아니라, 저희 회사 공장에서 세번씩이나 폭발사고가 있었는데, 그것이 아무래도 우연히 일어난 일 같지가 않았습니다. 폭발이 일어난 시간이라든가, 여러번 되풀이해서 사고는 났어도 인명피해는 하나도 없었다는게 이상하구요. 아무래도 영장에 의한 것이 아닌가 해서 찾아 뵙게 된 것입니다."

하고 그는 메모지 한장을 내어 놓는 것이었다.

1976. 3. 9(11시 55분) CT. (옥외변전실) 및 실내(室内) 압수전반, 자동제어 회로 및 계기(計器) 폭발.

1976. 5. 19(14시 55분) CT. 이상 옥외변전실 폭발.

1976. 6. 19(11시 5분) 옥외 변전실 C.T. 및 실내변전실 고압수전반 자동힐 및 계기(計器) 폭발.

“사고가 났을 때마다 새 기계로 갈아끼우고 최선을 다해서 수리를 했는데 세번씩이나 폭발사고가 난것도 이상하구요. 처음 사고가 낮 11시 55분에 일어났는데 그 뒤 약 100일이 지난 뒤에 이번에 밤 11시 55분에 폭발이 일어난 것도 우연의 일치라고 하기에는 너무도 이상하지 않습니까?”

“글쎄, 우연이라고 볼 수는 없겠는데요.”

“한번 출장오셔서 영사해 주실 수는 없으실까요?”

“나는 출장은 나가지 않는 원칙인데 드문 경우니까 공부 삼아서 나가볼까요.”

하고 나는 쾌히 승낙을 했다.

그날은 마침 일요일이어서 나를 찾아온 손님들도 없어서 그길로 곧장 S물산 생산관리부장과 함께 현장으로 달려 갔다.

현장에 가보니 생각했던 것 이상으로 규모가 꽤 큰 공장이었고 변전시설은 공장 마당에 있었다.

“알겠습니다. 이 근처가 모두 인천 상륙작전 때 격전지(激戰地)였었군요.”

“그렇다고 들었습니다.”

“스물아홉명의 시체가 땅속 2미터에서 3미터 되는 곳에 아무렇게나 묻혀 있는 것 같은데요.”

“그렇다면 큰 일인데요. 이 시설을 철거시키려면 보통 문제가 아니거든요.”

“내가 그 증거를 보여드리죠.”

나는 생산관리부 부장과 부하 직원들 두명이 입회한 자리에서 변전실 시설을 향해 한 손을 길게 뻗고 ‘옴 진동’을 일으켰다.

그 순간이었다. 머리카락 타는듯 하기도 하고 뼈가 타는것같은 독한 냄새가 확 풍겼다.

“이게 무슨 냄새죠?”

하고 세사람은 기절할듯이 놀라는 기색이었다.

설마 했었는데 막상 증거를 보니 몹시 어리둥절해진 모양이었다.

"여기 묻힌 사람들은 행방불명으로 취급되었기 때문에 전사자(戰死者) 명단에서도 빠졌고 물론 국군묘지에도 이름도 없는 사람들입니다. 인민군(人民軍) 장교가 두명, 여자가 몇명 끼어 있는 것 같습니다. 흩어진 시체들을 구덩이를 파서 아무렇게나 쓸어넣고 휘발유를 끼얹어서 태우고 그대로 흙을 덮어버린게 분명합니다. 그들의 영혼은 하나같이 저승엘 가지 못하고 이곳에 지박령이 되어서 묶여 있는 것입니다. 사고를 일으킨 것은 자기네들을 이곳에서 해방시켜서 천도시켜 달라는 뜻인게 분명합니다."

나는 자신있게 이야기했다.

다음 일요일을 택해서 위령제를 지내고 청소를 시키기로 합의를 보고 이날은 그대로 돌아왔다.

다음 일요일 오후 두시에 제령을 하기로 했는데 제사상을 앞에 놓고 앉으니 이곳에 파묻힌 사람들의 명단이 차례로 떠올랐다.

참고 삼아 여기에 그대로 기록해 볼까 한다.

김상순(상선) 중위, 김용삼, 하길종, 송재달, 김삼, 김종수, 박중재, 임수운, 이길자, 임경식, 박명수, 심삼수, 임권, 송시영, 박은종, 진수명, 송문식, 임석훈, 김재은, 임명수, 하종원, 임재동, 이덕애, 홍화자, 김종수, 고재수, 양동택, 하유복, 이덕길

그런데 말이다.

천도제가 끝난 그 순간이었다. 생각지도 않았던 뜻밖의 일이 일어났다.

난데없이 확성기에서 울려나오는 진혼곡 나팔소리에 이어서 애국가를 봉창하는 수십명의 노래소리가 방 안에 울려퍼진 것이었다.

방안에 있던 사람들은 모두 소스라치게 놀라지 않을 수 없었다.

국군묘지가 가까운 곳이라 그곳에서 방송을 했으리라는 사람도 있었고, 동회에서 방송한게 아니냐고도 했지만, 그날은 특별한 행사가 있는 날도 아니었는데 위령제가 끝나자, 정확하게 시간을 맞추어 들려온 것은 이상한 일이 아닐 수 없다고 했다.

물론 공장 안에서는 아무도 이런 방송을 하지 않았음은 곧 확인된 바가 있다. 지금까지도 풀리지 않는 수수께끼가 아닐 수 없다.

제 2 장

마음은 업(業)을 짓는다

1. 마음은 업(業)을 짓는다

원효대사는 일찌기 일채(一採)는 유심조(唯心造)라고 하셨다. 또한 말이 씨앗이 된다는 말도 있다. 평강공주의 부왕이 어렸을 때 하도 공주가 울어서 크면 바보 온달에게나 시집 보내야겠다고 한 것이 원인이 되어서 바보 온달을 부마로 삼게 된 것은 너무나도 유명한 이야기다.

나는 생각한다.

이 대우주를 만든 것은 창조의지(創造意志)였노라고, 그 창조의지가 끝없이 세분(細分)된 것이 인간들의 마음이고, 또한 모든 생명체의 마음이 아닌가 나는 생각한다.

수많은 사람들이 건설적인 의욕에 불타있을 때는 모든 사업은 일어나고 나라는 흥성해진다. 반대로 사람들의 마음이 타락하고 불행한 미래가 닥쳐올 것을 믿게 될때, 현실적으로 사회는 혼란을 거듭하게 되고 심지어는 천변지이(天變地異)도 일어나게 되는 것이라고 나는 믿는다. 그러기에 옛부터 나라가 망하려면 우선 백성들의 마음이 타락을 하곤 했었다. 사람들이 모두 건전한 생각들을 갖고 생업에 충실하면 어려운 국난도 타개가 되고 하늘의 도움이 있게 마련이다.

이것은 곧 내가 불행해지고 행복해지는 것은 모두가 자기의 마음가짐에 달렸다는 이야기가 된다. 마음 자리가 올바르면 아무리 어려운 일이 생겨도 전화위복 시킬 수 있는 지혜가 떠오르게 마련이다.

사람들이 잘못 알고 있는 것은 말은 행동이 아니라는 생각이다.

말로는 아무리 욕을 해도 그 사람을 실제로 해친 것이 아니라는 생각을 하는 사람들이 많다.

그러나 여러가지 업장 가운데 말로 짓는 구업(口業)처럼 무서운 것은 없다고 나는 생각한다. 말로해서 천량빚을 갚을 수도 있고, 무심코 던진 한마디 가시 돋힌 말 한마디 때문에 평생 원수가 되는 경우도 많음을 알아야 한다.

실존주의의 철학자로 유명했던 쟝 · 포올 · 싸르트르는 일찍 이런 이야기를 한 적이 있다.

'말한다는 것은 곧 행동이다'. 그리고 구체적으로 이런 이야기를 했다.

'여기 책상 위에 사과가 놓여 있다'고 말했을 때, 이 말을 들은 사람, 또는 그 글을 읽은 사람은 우선 책상 위에 사과가 놓여 있음을 알게 되고, 그 사과를 먹고 싶어져서 집어 든다든가, 또는 책상 위에 사과가 놓여 있음은 어울리지 않는다고 하며 이를 치운다고 할 경우, 이 말은 사람들의 주의를 환기시켜서 여러가지 동작을 일으키게 하는 원인이 되었으니, 말과 글은 곧 행동한 것과 같다는 이야기를 했다.

최근에 읽은 어느 천문학 책에는 또 이런 글이 적혀 있었다.

'모든 물체는 어떤 물체의 힘에 의하여 움직여지는데 최종적으로는 아무도 움직이게 하지 않는 스스로 다른 물체를 움직이게 하는 존재가 있는데 이것이 바로 하느님이라고 했다.'

인간 세상에서 일어나는 모든 일들은 많은 사람들의 마음가짐이 그 원인이라는 생각이 된다.

마음이 일으키는 여러가지 변화들, 그런 문제들을 여러가지 각도에서 적어볼까 생각한다.

2. 여섯번 어긋난 인연

요즘 한참 시청자들의 안방의 인기를 독차지하고 있는 TV연속 드라마에 〈사랑이 뭐길래〉라는 작품이 있다. 이 연속극이 방송되는 시간에는 전화도 덜 사용이 되고 수도물도 안쓴다는 이야기가 있을 정도다.

나는 아내의 이야기를 듣고 도중부터 이 드라마를 보기 시작했는데 요즈음 아주 열렬한 시청자의 한 사람이 된바가 있다.

그런데 이 드라마 속의 여주인공의 누이 동생이 아주 재미있는 인물로 등장을 한다. 묘령의 예쁜 아가씨로서 약국에 근무하는 약제사인데 철저한 남성혐오자고 독신주의자이다. 여지껏 수많은 TV 드라마가 상영이 되었지만 이런 아가씨 타잎은 한 번도 등장한 일이 없지 않은가 생각이 된다.

재미있는 인물설정이라고 생각하고 보고 있었는데, 내가 실제 생활에서 이와 똑같은 아가씨를 만난적이 있다.

오늘은 그 이야기를 해볼까 한다.

지금부터 약 1년 전 일이었다는 생각이 된다. 어떤 중년부인이 나를 찾아와서 여러가지 집안 일을 의논한 일이 있었다. 그 가운데 24세된 미혼의 딸이 있었다.

"따님은 독신주의자로군요?"

했더니 대뜸,

"맞습니다. 평소에 이 아이는 걸핏하면 결혼을 안한다고 해 왔는데 설마 그렇기야 할라구요. 노인네 빨리 죽고 싶다는 말과 처녀

시집 안간다는 말은 원래 거짓말로 치는게 아닙니까?"

하고 어머니는 내 말을 건성으로 듣는 눈치였다.

나는 잠시 마음을 비워서 이 아가씨의 마음과 동조를 해보았다.

"1년 쯤 뒤에 연구실에 근무하고 있는 전자공학 전공한 박사나 박사 코오스를 밟고 있는 사람이 신랑감으로 나타날 가능성이 많습니다. 따님은 남자를 선을 보아도 대개 한번에 끝나는데 이 사람은 세번 이상 만나게 되어 있고 남자 쪽에서는 열렬이 구혼을 해올 것입니다. 그러면 따님은 박사가 뭐가 그렇게 껄렁해, 나는 결혼 안할거야 하기가 쉽습니다. 그러면 천생배필이니 부모님이 서둘러서 결혼을 시키셔야 합니다. 아니면 영 혼기를 놓칠 가능성이 많습니다."

하고 이야기를 해주고 나는 그만 잊고 말았다. 그런데 꼭 1년이 지난 뒤에 이런 신랑감이 나타난 것이었다. 내가 예언한 그대로였다. 부모는 놀라서 신랑감의 사진과 딸의 사진을 갖고 나를 찾아왔다.

"따님은 본시 남자였고 이 신랑감은 처녀였지요. 세번이나 약혼을 한채 결혼을 하지 않았어요. 그래서 그 다음에는 남녀의 성이 바뀌어 남자였던 따님은 여자가 되었고 이번에는 남자쪽에서 세번 약혼을 하고 결혼을 하지 않았죠. 그래서 이번에 일곱번째로 만난거죠. 따님은 결혼하는데 자신이 없어서 독신주의자가 된 것입니다."

하고 나는 이야기해 주었다. 그리고는 따님이 직접 나를 찾아올 인연이 있노라고 했다.

얼마 뒤, 이들 부모는 딸을 데리고 나를 찾아왔다. 이야기를 해본 결과, 내 짐작대로 이 처녀는 결혼공포증을 지니고 있었다. 현실적으로 남자와는 교제한번 해본 일도 없는 아가씨였다.

결혼공포증을 가질 까닭이 없었다.

결국 지난 여섯번 생애에 걸친 결혼실패의 체험이 심층의식(深層意識)에 깊은 상처를 준 탓인게 분명했다.

아가씨는 내 이야기를 순순하게 받아들이는 눈치였다. 이들의 사이가 원만하게 진행이 되어서 행복한 신혼부부가 탄생되기를 바라는 마음 간절하다.

3. 마인족(馬人族)의 비밀

나는 지난 20년 동안 연인원(延人員) 24만명이 넘는 많은 사람들과 만나서 이야기할 기회가 있었다. 사람들의 얼키고 얼킨 인연을 수없이 풀어주는게 내가 해온 일이었다. 그중 하나 소설보다도 기묘한 체험담을 소개하여 볼까 한다.

몇년 전 30대 후반의 한 어여쁜 여인이 나를 찾아온 일이 있었다. 그녀는 부유한 집안의 딸로 태어났는데, 어느날 유명한 스님이 이 집을 찾아와 그녀를 보고 아버지가 죽거나 그녀자신이 일찍 세상을 떠나리라고 했다. 독실한 불교신자였던 그녀의 부모는 스님의 말씀대로 어린 딸을 절에다 맡겼다.

그녀는 절에서 열아홉살까지 자랐다. 항상 부모가 그리웠다. 스무살이 되던 해, 이 절을 찾은 어느 젊은이가 그녀를 본 순간, 반해버려서 환속을 했다. 그녀의 부모는 무척 기뻐했다. 딸이 성인이 되어서 결혼까지 하게 된 것을 부처님에게 감사를 했다.

그녀는 시집을 가서 두 남매를 낳았다. 재산도 늘어났다. 그러나 남편은 병적인 의처증 환자였다. 아무 곳에도 나가지 못하게 하고 걸핏하면 매질을 하곤 했다. 참다못해 그녀는 이혼을 결심하고 3년에 걸친 소송 끝에 이혼을 했다.

이 부인은 전생이 인간이 아니었다.

지구와 화성(火星) 사이에 말도스 별이 있었는데 이 별에는 상체(上體)는 사람이고, 하반신은 말인 그런 우주인들이 살고 있었다.

전쟁을 좋아하여 수폭전 끝에 이 별은 폭발을 하여 소혹성대가 되었다. 극히 소수의 마인족들이 파멸되기 직전 말도스별에서 탈출을 하여 지구로 이민을 했다.

그러나 이들은 지구에 온 뒤에도 전쟁을 그치려 하지 않았다. 결국 모두 죽고 한 가족만이 살아남았다. 아버지와 어머니 두 남매였다. 딸은 어려서 부터 아버지를 따르고 사랑했다. 세월이 흘러서 성숙해졌을 때, 들판에서 오빠가 갑자기 겁탈을 했고, 놀란 딸은 질경련을 일으켜서 오빠는 죽고 말았다. 자손이 끊어지게 되었다. 딸은 아버지와 관계를 해서 임신을 했다. 딸이 임신하게 된것을 안 어머니는 고민한 나머지 자살을 했다.

그리고 딸도 출산을 하다가 난산 끝에 죽고 말았다. 그러자 아버지도 양심의 가책을 느낀 나머지 벼랑 아래로 투신을 해서 자살을 했다. 이래서 지구로 이민온 마인족은 멸종을 하고 말았다.

이 최후의 마인족이 재생한 것이 그녀의 가족이었다. 전생에는 근친상간을 한 결과 딸을 죽게 만들었고 자신도 죽어야 했기에 또다시 딸로 태어나게 한 것이고 남모르는 양심의 가책때문에 이들은 서로 함께 있을 수가 없었던 것이었다.

결혼한 남편은 전생의 오빠였다.

전생에 목숨을 앗아갔기에 이번에는 그와 결혼하여 두 남매를 낳아주고 이혼을 한 것이라고 나는 설명을 해주었다.

그녀는 유난히 질구가 좁은데 남편은 보기 드물게 거대한 페니스를 갖고 있었기에 밤마다 겪는 일은 그녀에게는 지옥의 고통이었노라고 했다.

그래서 남편은 의처증 환자가 된 것이기도 했다.

그녀는 나의 이야기를 듣고 크게 깨달았노라고 했다. 산부인과에 가서 자주 질경련을 일으키는 병도 고쳤고, 성죄악감에서도 해방이 되어서 재혼을 하여 지금은 행복한 결혼생활을 하고 있다고 한다.

4. 남편을 타살한 이야기

사람이 제일 괴로워지는 것은 큰 죄를 짓고 이에 합당한 벌을 받지 않았을 경우다.

여기 한 의좋은 중년부부가 있었다.

남편은 당뇨병 환자였다. 그러나 그는 병원에서 치료를 받지않고 철저한 식이요법과 운동요법으로 병을 거의 완치시켰다. 그뿐 만이 아니었다. 주변에 있는 많은 당뇨병환자도 잘 지도를 해서 치유를 시켰다. 그는 건강하고 활기에 찬 인생을 살고 있었다. 그러던 그가 어느날 갑자기 쓰러졌다. 병원에 실려들어가 종합진단을 받은 결과 악성 암인게 발견이 되었다.

환자가 받은 충격은 컸다. 그러나 이번에도 그는 나름대로의 방법으로 암을 퇴치하겠노라고 장담을 했다. 퇴원을 해서 눈물겨운 투병 생활을 계속했다.

한동안 좋아지는 것 같더니 두번째로 쓰러졌을 때는 암은 이미 온몸에 퍼져 있었다.

아들이 심령과학을 믿었고, 그의 친구에 심령능력자가 있었다. 그를 불러다가 시술을 시켰다. 아들의 친구는 환자에게 악령이 빙의되어 있다면서 마구 환자를 구타했다.

환자는 피를 토했고, 그 피가 기도를 막아서 숨을 거두었다. 가족들은 땅을 치고 통곡을 했다. 가만이 두었더라면 조용히 숨을 거둘 것을 때려서 미리 죽게 한 것이라고 생각을 했다. 양심의 가책 때문에 밤잠을 못자고 괴로워했다.

이대로 가다가는 모두가 양심의 가책 때문에 미칠 것만 같았다. 고민하던 끝에 어떻게 내가 쓴 책을 읽고 나를 찾아왔다.

나는 죽은 환자의 사진을 보고 다음과 같이 이야기해 주었다.

"사람이 죽고 사는 것은 하늘의 뜻입니다. 사고사든 병사든 죽게 되는 것은 하늘이 정해준 운명입니다."

"모두가 74세까지 산다고 했는데 그이는 54세였습니다."

"환자는 54세에 돌아가셨지만 실로는 74세 상태의 노쇄한 상태였으니까, 천명을 다한 것입니다."

"그냥 두었더라면 조용히 임종을 할 수 있을 것을 저희가 중환자를 매질까지 해서 죽인게 아닙니까?"

"그렇지가 않습니다. 이 분은 전생에 자기 자식을 때려 죽인 일이 있습니다. 그 업장을 소멸시키기 위해서는 부득이 그런 죽음을 당해야 했죠. 환자를 때린 자칭 심령능력자가 전생의 아들이었습니다."

그들은 후 안도의 한숨을 몰아쉬었다.

"바깥 양반은 이로서 업장소멸이 되었기 때문에 더 이상 인간으로 재생할 필요가 없어지고 일주기가 되면 저승에서 돌아와서 댁의 집안의 보호령으로 취임을 하게 될 것입니다."

이렇게 설명을 하고 나는 일주기 때 쓸 제문(祭文)을 미리 써주고 그것을 낭독하여 녹음까지 해주었다.

나를 찾아왔을 때는 양심의 가책 때문에 거의 초죽음이 되어 왔던 이들 모자가 명랑한 기분이 되어서 돌아갔다.

나는 생각한다. 죽고 사는 것은 하늘의 소관이지 결코 인간의 뜻대로 되는 것은 아니다. 가까운 예로 내가 암을 고쳐주었더니 다음날 교통사고로 죽은 이가 있다.

겉을 보아서는 아무리 우발적인 사고 같아도, 인과법(因果法)에 의한 죽음임을 알아야 한다. 사람에 따라서는 비참한 죽음을 당하므로서 업장소멸이 되어 곧 재생의 길로 들어서서, 다음 인생을 행복하게 출발할 수 있다는 사실을 모두 명심해 주기 바란다.

5. 소망이 기적을 낳는다

우리의 '옴 진동수' 복용 회원 가운데 김두순(金斗淳)이라는 분이 있다.

내가 쓴 〈인과응보〉를 읽고 찾아온 손님이었다. 그는 직업이 생수를 공급하고 있노라고 했다. 포천 지방에서 나오는 아주 질이 좋은 지하수를 개발했노라고 했다.

그래서 그 지하수를 '옴 진동수' 처리를 해서 공급을 하면 어떻겠느냐는 이야기였다. 나는 쾌히 승낙을 했고, 그때부터 우리 연구원에서는 그때까지 집에서 나오는 수도물 쓰던 것을 그만두고, 그가 공급하는 '옴 진동' 처리가 된 지하수를 공급받기로 했다.

그뒤 김사장에게서 여러 차례 보고가 있었다. 그냥 지하수를 공급하던 것과는 영 다른 반응이 있다는 이야기였다.

물론 김사장이 지하수를 공급하는 손님들에게는 일체 '옴 진동'에 대한 정보를 알리지 않았는데, 당뇨병이 거의 완치되었다는 여러 건의 보고가 있었다는 것이다.

그런데 이 김사장의 어머니가 위암으로 쓰러졌다. 나에게 모시고 와서 몇번인가 시술을 받았다. 이 분은 '옴 진동수' 복통 덕분에 일찍 위암이 발견된 경우여서 처음에는 병세가 호전되더니 어느날 갑자기 증세가 악화되어서 병원에 가서 종합진단을 받은 결과 위암 초기여서 수술이 가능하다는 판단을 받았다는 이야기였다.

나에게 모시고 올 때는 단순한 위장질환인줄 알았었다는 것이었다. 물론 이 분은 100일 이상 '옴 진동수'를 마신 경우여서 병원에서의 수술 경과도 아주 좋다고 했다.

김사장이 어느날 나를 찾아와서 심령능력자가 될 수 없겠느냐고 했다. 자기 어머니의 병을 꼭 자기 손으로 고쳐드리고 싶다는 이야기였다.

나는 쾌히 승낙을 하고, 그의 온 몸의 챠쿠라가 작동하게끔 해주었다.

그뒤 반년 가량 지난 뒤였다.

하루는 김사장이 나를 찾아와서 드디어 초능력이 발동이 걸렸노라고 했다.

알고 보니 그 동안 혼자서 기공법(氣功法)을 공부했노라고 했다. 최근에 손도 데지 않고 떨어진 자리에서 기공법으로 한쪽 팔이 저려서 쓰지 못하는 여인을 순식간에 고쳐준 일이 있노라고 했다. 그리고 그 여인의 손녀가 앓고 있는 것을 시간과 공간을 초월해서 그 여인과 힘을 합해서 치유한 적이 있노라고 했다.

나는 내가 말초신경염을 앓고 있었기에 즉시 그에게 나름대로의 방식으로 시술을 하게 했다. 사흘 계속해서 받았는데 경과가 아주 좋았다. 내 몸을 두고 실험을 시켜서 좋은 결과를 얻었으니 그가 능력이 개발되었음은 틀림이 없는 일이라고 생각한다.

그의 어머니의 중병을 고쳐드려야겠다는 간절한 효심(孝心)이 그의 초능력을 눈 뜨게 한 것이라고 나는 생각한다.

6. 악몽 속을 헤맨다

나는 책에서 늘 성공한 사례만을 이야기했는데 이번에는 성공하지 못한 사례를 하나 소개할까 한다.

작년(1991년) 이른 봄이었다.

고등학교 다니는 이경률이라는 소년이 나를 찾아온 일이 있었다. '옴 진동수' 복용 회원이 되고 싶다고 했으나, 우리 연구원의 규칙이 미성년자는 가입할 수가 없어서 그냥 돌려보냈더니 얼마 뒤에 어머니를 모시고 와서 가입을 재차 요청했기에 가입을 시켜주었다. 이날은 일요일이었는데 일요일은 원칙적으로 손님을 안보는 규칙인데 나 스스로 이 규칙을 지키지 않은 것이었다. 그뒤 얼마가 지난 뒤였다.

이 경률이 다시 부모를 모시고 왔다.

아무래도 자기에게 나쁜 영혼이 빙의되어 있는 것 같다고 했다. 그러나 내가 보기에는 단순한 우울증일 뿐, 빙의가 되어 있는것 같지는 않았기에 그렇지 않다고 '옴 진동수'를 100일만 마셔보라고 했다.

그뒤 아버지에게서 전화가 걸려와서 아들에게 편지를 해달라고 했다. 빙의가 되어 있지 않다는 이야기와 '옴 진동수'를 안마셔도 좋다고 이야기해 달라는 요청이었다. 그러나 나는 편지를 내지를 않았다.

이유는 빙의는 좀더 두고 봐야겠다는 생각이 있었고, 아버지가 아무것도 모르면서 나에게 이래라 저래라 지시하는게 마음에 들지 않았기 때문이었다.

그뒤 여러 달이 지난 뒤였다.

이경률이 이번에는 혼자서 나를 찾아왔다. 진동 치료를 하면 몇시간은 괜찮은데 그 시간이 지나면 다시 정신상태가 이상해져서 공부가 통 손에 잡히지 않는다고 했다.

안선생이 제령을 해주지 않으면 자살을 할 수 밖에 없다는 절박한 이야기였다. 그래서 나는 다음날 오라 해서 제령을 해주었고, 맨손으로 올라왔다하기에 여비까지 주어서 돌려보냈다. 제령에 드는 비용도 받지 않은 것은 물론이었다.

그 뒤 또 여러 달이 지났다.

이경률의 아버지가 나를 찾아와서 나 때문에 아들이 가출을 했으니 찾아내라고 했다. '옴 진동수'는 순전한 엉터리라고 했다. 내가 지난 20년 동안 '옴 진동수'를 마셔서 좋은 효과를 거둔 이야기를 아무리 들려주어도 그는 믿으려고 하지를 않았다. 대중을 오랫동안 속여온 사기꾼으로 나를 고소하겠노라고 했다.

그는 여러번에 걸쳐서 나를 찾아와서 같은 말로 나를 괴롭혔다. 내가 보기에 온전한 정신을 갖고 있는 것 같지 않았다.

아들과 다투어서 아들이 가출한 것이 모두 내 책임이라는 이야기였다.

아들이 자기 말을 듣지 않고 내 이야기를 들어온게 못견디게 분한 모양이었다.

하지만 나는 그로부터 아무리 심한 모욕을 받아도 그가 이상한 사람이라는 이야기는 하지 않았다.

그는 지금 4월말(1992년)까지 아들이 집에 들어오지 않으면 크게 일을 벌릴 모양이다. 내가 이 글을 쓰는 목적은 이경률군이 어디 있든, 이 글을 읽는 즉시 집으로 연락을 하라는 부탁을 하기 위해서다. 집으로 들어가기 싫으면 무사히 살아 있다는 것만 부모에게 알려 달라는 이야기이다.

나 개인이 잘못 처신을 해서 비난을 받는 것은 괜찮지만 '옴 진동수' 보급은 하늘이 나에게 준 사명이기에 껴묻어서 '옴 진동수'까지 가짜를 만들 수는 없는 일이라고 생각한다.

공해로 멸망하게 될지도 모르는 사람들을 구제하기 위하여 하늘이 내린 복음인데, 이경률의 아버지는 사사로운 감정으로 나 뿐만 아니라 '옴 진동수'까지 싸잡아서 가짜를 만들겠다는 그는 모르는 가운데 큰 죄를 범하려고 하고 있는 것이라고 나는 생각한다.

생각해 보라! 지난 20년 동안 연인원 20만명이 넘는 사람들에게 어떻게 가짜인 '옴 진동수'를 보급할 수 있겠는가?

나에게는 일본인 회원들에게서 보내진 '옴 진동수'에 대한 증언 테잎만도 몇 백개가 있고, 국내 저명인사들 가운데에서도 많은 사람들이 언제든지 증언을 해주겠다는 사람들이 있는게 사실이다.

이경률군에게 다시금 호소한다.

어디서 무엇을 하고 있든, 이글을 읽는 즉시 부모님에게 연락을 해주기 바란다.

그리하여 제발 나를 이 악몽에서 헤어나게 해줄 것을 간곡히 부탁한다.

제 3 장

시간 속을 간다

1. 개스 생명체(生命體)의 이야기

1

사람은 누구나 과거를 생각할 수 있고 미래를 꿈꿀 수가 있다. 또한 밤이면 밤마다 사람의 마음은 그 육신을 벗어나 여러 차원(次元)의 다른 세계를 여행을 하고 돌아온다.

그러나 대부분의 사람들은 이것을 다만 꿈으로 생각할뿐, 마음이 육신에서 벗어나 얻은 체험인 것을 모른다.

나는 지난 20년 동안 심령과학자로서 많은 환자들을 대하는 동안 다른 사람들의 마음의 파장(波長)에 동조(同調)하는 일들을 해야만 했었다.

보통 사람들은 자기 고유의 뇌파 주파수를 갖고 있기 때문에 자기 생각을 송신(送信)할 수 있을 뿐, 수신은 되지 않는다. 그래서 모두가 프라이버시를 고스란히 유지할 수가 있다.

사람은 저마다 자기만의 은밀한 생각을 간직할 수가 있고, 다만 필요할 때 남에게 언어로써 생각을 표현한다. 그러나 나의 경우는 다르다.

나는 우연하게도 태양에너지를 이용하여 '제3의 눈'을 발달시키는 방법을 터득했고, 그 결과 어떤 사람의 마음과도 동조할 수 있는 특수능력자가 된 것이다.

대면한 지 5초 동안이면 동조가 가능하다.

물론 그중에는 동조가 전혀 안되는 사람도 있다. 선천적으로 자기 마음을 감출수 있는 특수능력을 가진 사람, 또는 강력한 보호령(保護靈)의 방해 등이 그 이유이다.

어쨌든 나는 지난 20년 동안 이런 특수능력을 행사해 오는 가운데 어느덧 인간뿐 아니라 형태가 없는 영혼이나 심지어 곤충과 같은 작은 동물의 마음에도 동조할 수 있는 특수능력을 갖게 된게 사실이다.

2

1987년 1월 3일, 미국에 유학간 어느 아가씨가 나를 찾아온 일이 있었다.

그녀는 국내에서 S대학 대학원을 졸업하고 미국의 버클리 대학에 물리학을 연구하러 간 재원이었다.

박사 학위 코스로 들어가기전 시험을 치루어야 하는데 그녀는 이상스럽게도 0 하나를 잘못 써서 형편없는 성적이 나오고 말았다고 했다.

본인은 물론이고 대학 당국에서도 크게 동정을 해서 다시 시험을 치룰 수 있는 기회를 주었다고 한다.

그런데 정말 이상스럽게도 그녀는 똑같은 실수를 다시 되풀이한 것이었다. 창피해서 그녀는 그 대학에서 자퇴(自退)를 하고 말았다.

하숙에 돌아와 고민을 하고 있는데 갑자기 머리 속에서 이상한 소리가 들렸다고 한다.

"이번 겨울방학에 한국에 돌아가서 심령과학자인 안동민을 만나라. 그러면 모든 수수께끼가 풀릴 것이다."

이런 소리는 몇번이고 반복을 해서 들렸다고 한다.

그녀는 커다란 충격을 받고 처음에는 정신과의사를 찾으려고 했으나 다시 마음을 고쳐먹고 집에다 장거리전화를 걸었다.

'안동민'이란 사람이 실존(實存)하는 인물인지 확인하기 위해서였다.

그런데 공교롭게도 그녀의 아버지가 나에게 큰 도움을 받은 일이 있는 손님이었고 그래서 그녀는 나를 찾아온 것이었다.

3

그런데 말이다.

그녀와 마주 앉은 순간, 이번에는 나에게 이상한 소리가 들렸다.

"우리는 '길모'라는 이름을 가진 우주생명체다. 지금으로 부터 1천만년 전에 지구에 온 실리우스별의 개스 인간이다."

마치 어린이가 말하는 것과 같은 높은 쏘프라노의 영어였다.

이 '길모'가 결국 요즘 말하는 에이즈 병균의 본명(本名)이라는 것이었다.

'길모'는 본시 인간의 지능으로 발달시키기 위하여 파견된 일종의 개스 생명체로서 숙주(宿主)가 필요한 기생생명체라고 했다.

'길모'는 고대인의 두뇌 속에 기생함으로써 원시인이 오늘날의 인간으로서 진화(進化)했다고 한다.

고대인은 거의 모두가 텔레파시 능력이 있었고, 또 천년 이상을 살수 있는 장수족이었다고 한다.

그것은 인간의 두뇌 속에 기생하고 있던 '길모'가 모든 병균들을 죽이고, 인간의 노화현상을 조절해 주었기 때문이라고 했다. 그러나 인간은 영리해짐에 따라서 '길모'의 말을 듣지 않게 되었고 인간은 사랑보다는 미움에 더 능숙해지자, 텔레파시 생명체인 '길모'는 이번에는 반대로 인간의 생각에 영향을 받게 되었다.

괴로워진 그들은 점차로 인간의 몸에서 철수를 했고 아프리카산 녹색 원숭이를 숙주로 이동했다고 한다.

그런데 최근에 어느 세균학자가 이들 바이러스(길모)를 채취하여 세균 무기로 만들기 위하여 실험실에서 돌연변이를 시켰다고 한다.

이들은 갖은 방법으로 학대를 받았고 살아남은 바이러스를 다시 증식시켜서는 또다시 다른 방법으로 괴롭혔다고 한다.

이 과정에서 길모(즉 에이즈균)는 예전에 잃었던 지성(知性)을 되찾았고, 인간에게 경고를 주기 위해서 면역체를 파괴시키는 능력을 발휘하게 되었고 또한 그들의 몸을 작게 축소시켜서 유리관 속에서 빠져나갔다고 한다.

여기서 '길모'는 나에게 다음과 같은 사실을 알려 주었다.

① 자신은 주위 환경이 아주 나빠지거나 또 너무 좋아져도 결정체(結晶體)가 되어서 비활동성이 된다. 음악을 대단히 좋아한다. '브람스'의 자장가와 '베토벤'의 〈전원교향곡〉을 고주파로 계속 들려주면 자기네는 결정체로 변하고 본래의 모습으로 돌아간다.

② '옴 진동수'를 마시게 해서 체액을 약한 알카리성으로 바꾸게 할 것. 이런 체액속에서는 에이즈균은 번식을 하지 못한다. 또한 에이즈는 완치될 뿐만 아니라, 에이즈균의 본래의 모습으로 돌아가면 백혈구와 똑같은 구실을 하게 되어서 인간은 모든 질병에서 해방이 되어 장수를 누리게 된다는 이야기였다. 그리고 그들은 이렇게 이야기했다.

① 지성있는 생명체는 인간만이 아니라는 것, 따라서 다른 생명체가 인간과의 대화가 가능하다는 것.

② 지성있는 생명체는 최면요법이 가능하다는 것.

③ 앞서 든 음악(소리 안나는 음악)을 계속 들려주면 환자의 자율신경이 정상으로 조정이 된다는 것.

④ 지금 인간이 발견한 에이즈 바이러스는 진짜 에이즈 바이러스가 아니며 그들의 숙주(宿主)라는 것. 가운데 까만 점이 본체(本體)라는 것.

⑤ 백신을 연구하는 것은 불가능하다는 것. 에이즈균은 자체것으로 돌연변이를 계속하고 있으며 멀지 않아 유행성감기인 인플렌저바이러스와 공생(共生)관계를 갖게 되면 공기 전염이 가능하다는

것.

지금은 대화의 시대이고, 인간은 모름지기 인간만이 지성생명체라는 오만한 생각을 버리고 우주의 법칙인 공존공영(共存共榮)해야 한다는 생각을 받아들이지 않는한, 인류는 멀지않아 에이즈의 전세계적인 확산에 의하여 어쩔 수 없이 멸망하게 되리라는 경고였다.

에이즈균의 본체인 '길모'를 지성체로 받아들여서 그들의 제안대로 한다면 앞으로 인류는 더 번영하게 될 것으로 나는 믿는다.

나는 '길모'의 지시대로 고주파 발생장치를 만든바 있고 그들의 지시에 의하여 미국에 두번이나 다녀온게 사실이기 때문이다.

4

내가 에이즈 바이러스가 초지성생명체(超知性生命體)라고 믿게 된 근거를 밝혀보면 다음과 같다.

지성(知性)을 갖지 않은 생명체는 스스로 명백한 생존의지를 갖고 다른 생명체를 공격하지는 않는다.

그런데 에이즈 바이러스는 인간의 면역세포인 T세포를 집중적으로 공격, 파괴하는 것이 그 특성이다.

여지껏 인류의 역사상 이런 종류의 병원균은 존재하지 않았던게 사실이다.

에이즈 바이러스의 출현은 인류를 멸망시키겠다는 명백한 의지의 표현이라고 볼 수 있다.

어떤 생명체도 공격을 받지 않고는 다른 생명체를 이토록 철저하게 공격을 받았다는 명백한 증거라고 볼 수 있다.

다시 말해서 어떤 세균학자의 손에 의하여 연구실에서 배양된 뒤 철저하게 공격을 받아 돌연변이를 반복하여 살아남은 미생물이 바로 에이즈 바이러스이며, 자기네들을 괴롭히는 인간을 가장 효과적으로 멸종시키려면 인간의 면역세포를 파괴하는 것이 가장 효과적이라는 사실을 알아냈다는 것은 에이즈 바이러스가 돌연변이의 과정에서 초지성생명체가 되었다는 가장 좋은 증거라고 생각한다.

또한 '후천성 면역결핍증'이란 질병은 초기에 그 병원체가 발견이 되지 않았었다. 그도 그럴것이 에이즈는 시험관 속에서 빠져나가기 위하여 원자 크기로 작아진 바이러스였기 때문이고, 현재 의학자들이 발견했다고 믿는 에이즈는 진짜 에이즈의 숙주(宿主)에 지나지 않음을 알아야 한다.

진짜 에이즈는 이 숙주의 유전자를 조절하여 얼마든지 돌연변이를 일으키고 있는 것이고, 이것이야말로 에이즈가 '초지성생명체' 라는 또하나의 뚜렷한 증거이고 또한 앞으로도 효과적인 백신이 절대로 발견되기 어렵다는 증거이기도 한 것이다.

병법에도 '적을 알고 나를 아는 자는 백번 싸워서 백번 이길 것이고, 적을 모르고 나를 모르는 자는 백번 싸워도 백번 진다.' 했다.

인간이 에이즈와의 싸움에서 지금까지의 사고방식(思考方式)을 송두리채 버리지 않는한 절대로 승리할 수 없는 까닭은 다음과 같다.

① 에이즈는 인간의 손에 의하여 돌연변이를 거듭하여 만들어진 바이러스이며, 어떤 치료제나 예방 백신도 제조가 불가능함을 스스로 인정해야 한다. 즉 그들이 인간과는 종류가 다른 공동의식 생명체로 진화의 과정에 들어선 '초지성 생명체'임을 인정하고 그들에 대한 공격을 포기하고 그들이 지성이 있음을 인정하고, 타협과 의사소통의 방법을 강구해야 한다.

다시 말해서 인간만이 지성생명체라는 오만한 생각을 버리고 새로운 대화 방법을 모색해야만 된다는 이야기이다.

그들을 공격하여 죽이는 것은 불가능함을 스스로 인정해야만 한다.

왜냐하면 그들은 이미 실험실에서 인간이 생각해낸 모든 악조건을 극복하는 방법을 터득한 돌연변이한 생명체이기 때문이다.

설사 그들을 죽일 수 있다 하더라도 숙주(宿主)인 활자도 같이 죽게 마련인 것이다.

최근 일본에서 발견했다는 자외선요법이 바로 그 좋은 예라고 할 수 있다.

② 현재 발견된 에이즈 바이러스는 에이즈의 본체가 아니고 그 숙주(宿主)에 지나지 않음을 알아야 한다. 그렇지 않으면 머지않아 에이즈 바이러스는 인플렌자(毒感) 바이러스를 숙주로 선택할 것이고, 그렇게 되면 에이즈는 공기전염 단계로 들어가게 된다.

그렇게 되면 국제선 여객기는 에이즈의 공기감염을 막기 위하여 일체 운항을 정지하게 될 것이다.

③ 에이즈는 왜 안동민을 그들의 멧센저로 선택했을까? 그 이유는 아주 간단하다. 나는 강력한 전주파 테레파시 능력자이며, 나는 미생물인 모든 바이러스도 생존권을 갖고 있음을 인정하는 사람이고 또한 모든 생명체는 서로 협력하여 공존공영해야 한다는 신념을 갖고 있기에 그들은 나를 선택한 것이라고 생각이 된다.

오늘날, 이 세계에는 나와같은 텔레파시 능력을 가진 초능력자는 1백만명이 넘지만 바이러스의 생존권을 인정하는 사람은 아직은 나하나 뿐이기에 할수 없이 그들은 나를 멧센자로 선택했다는 이야기이다.

에이즈는 지성생명체이고 고주파로 변형된 〈브람스의 자장가〉와 〈베토벤의 전원교향곡〉을 계속해서 들려주면 그들은 결정체로 변하여 비활동성이 된다고 했다.

또한 환자에게 '옴 진동수'를 계속해서 마시게 되면 에이즈 바이러스는 그 독성을 잃게 되고 몸 안에서의 활발한 증식활동이 정지된다고 했다. 에이즈 바이러스가 인간의 세포를 마취시켜서 에이즈 바이러스의 생산공장으로 만드는게 불가능해진다는 이야기다.

에이즈 바이러스가 몸 안에서 증식을 하지 못하게 되면 백혈구에 의하여 잡아 먹히게 되고 인간의 세포는 에이즈 바이러스에 대한 면역성을 갖게 된다는 이야기이다.

또한 그들은 그들의 본체인 '길모'라는 이름의 우주생명체의 명령에는 복종하게끔 되어 있다고 했는데, 나는 '길모'로부터의 멧세지를 갖고 있는 터이니 그것을 활용할 수가 있는 처지이다. 길모 독특한 높은 쏘프라노로 된 영어 멧세지가 나에게 보관되어 있다는 이야기이다.

나는 전자공학에 대해서는 전혀 문외한인데도 불구하고 그들의 지시에 의하여 음파(音波)와 고주파를 동시에 발신하는 특수한 녹음기를 만들어서 이미 20여대를 실험에 성공한 사실이 있다.

건강한 사람에게 이 소리 안나는 고주파를 들려주면 거의 예외없이 자율신경에 영향을 주어 편안히 잠들 수 있음을 알아냈고, 지능이 급속도로 개발됨도 실험한 바가 있다.

나의 후배 한 사람은 이 기계를 갖고 가서 아프리카의 어느 저명한 정치가의 악성 불면증을 깨끗이 치료해 준 예도 있다.

생존하기에 모든 악조건을 갖춘 우주공간에는 에이즈는 하나의 결정체로 변하여 몇억년이고 동면(冬眠)을 계속할 수가 있다고 했다.

마찬가지로 체액(體液)이 약한 알카리성이 된 환자의 몸안에서는 그들은 비활동성이 되고, 또한 고주파로 방송되는 〈브람스의 자장가〉와 〈베토벤의 전원교향곡〉을 2주일 동안 계속해서 들려주면 그들은 모든 기능을 정지하고 결정체로 변한다고 했다.

그들이 주선하여 몇년전에 나는 두번이나 미국을 다녀온 바가 있고, 로스안젤스에 있는 킹·마팅 기념병원의 여의사와 컨텍트를 간접적으로 한바 있으나 결과는 실망이었다.

내가 분명히 사전에 약속을 하고 만나러 간 미국의 과학자는 내 이야기는 잘 들어보려고도 하지 않고

"앞으로 1~2년 안에 미국의 학자에 의하여 에이즈는 퇴치될 것이

고 당신 따위의 도움은 필요없으니 돌아가시오!"

하고 말해서 불원천리 자기를 찾아온 나와는 30분도 대화시간을 주지 않았고, 로스안젤스에서는 노상강도를 만나서 하마터면 목숨을 잃을 뻔 하였던 것이었다.

나는 미국인들의 오만불손한 교만한 태도에 아연실색을 한게 사실이었다.

미국인들의 대부분이 이런 생각이라면 그들은 20세기를 넘기지 못하여 에이즈의 확산으로 멸종의 위기를 맞을 것으로 생각이 되는게 사실이다.

그들이 원주민이었던 인디언족 5,000만명을 학살한 벌로 멸망하게 되는게 아닌가 생각이 된다. 애석한 일이지만 나로서는 더 이상 손을 쓸수는 없는 일이라고 생각을 한다.

내가 미국을 두번씩이나 어려운 조건 속에서 자비를 들여 찾은 것은 어디까지나 그들을 돕겠다는 순수한 동기에서였고, 8.15 해방과 6.25때 그들이 우리를 도와준 은혜에 보답해야겠다는 생각이었는데 한마디로 정신병자로 취급하여 상대를 하지 않으려는데는 별도리가 없었던 것이었다.

나는 이 때문에 영어책자도 발간한바가 있는데 공연한 헛수고를 한 셈이 되고 말았다.

누군가가 본래의 에이즈 병원균을 실험실에서 학대를 해서 돌연변이를 만들었을지도 모른다는 가능성으로 인정하지 않는한, 그들을 물리칠 수 있는 방법은 없다는 것이 지금의 나의 변함없는 생각이다.

인간이 에이즈에 대한 효과적인 백신을 만들려는 노력이 허사로 돌아가는 이유는 무엇인가 잘 생각해 볼 필요가 있다고 본다.

그것은 에이즈 바이러스가 자신들이 초지성생명체(超知性生命體)로 변했기 때문이라고 했다.

현재 발견된 에이즈는 에이즈가 아니며 에이즈의 숙주(宿主)이고, 에이즈 바이러스의 유전자를 얼마든지 조절할 수 있다고 했으니 그들이 초지성생명체라는 이 이상의 증거가 더 어디 있겠는가?

인간이 여지껏 미생물이라고만 생각했던 바이러스에서 지성의 존재를 인정한다는 것은 너무나 충격적인 이야기가 아닐 수 없다.

그러나 인간이 에이즈의 확산으로 멸종되지 않으려면 나의 가설을 상당한 의료기관에서 받아들여서 실험을 통하여 나의 이론이 옳다는 것을 입증하는 길 밖에 다른 도리는 없지 않나 생각한다.

선각자의 고독을 절실히 느끼고 있는 요즈음의 심정이다.

2. 일부인간 돌연변이 진행중

지금으로부터 약 6천 5백만년 전, 그때까지 영화를 누리고 있던 공룡을 비롯한 70%를 넘는 지구 위의 생물들이 갑자기 모습을 감춘 일이 있다.

이른바 신생대(新生代)에서 백아기(白亞紀)에 걸쳐서 1억 3천만년 동안은 공룡의 전성시대였었다.

그때는 오늘날, 지구를 거의 뒤덮고 있는 인류는 자취도 찾아볼 수 없었던게 사실이었다.

말이 그렇지, 1억 3천만년이란 인간의 현실감각을 볼 때 아득히 긴 세월이라고 할 수 있다.

그런데 그렇게 오랜 세월에 걸쳐서 번성했던 공룡들은 왜 갑자기 그 모습을 감추게 된 것일까? 이것은 오늘날까지 풀리지 않는 수수께끼로 남아 있다.

갑자기 커다란 혜성이 지구와 충돌하여 그때문에 멸종되었다는 주장도 있고, 지구와 화성 사이에 있던 다섯번째 행성인 말도꾸별이 파괴되어서 지구의 하늘은 그 파편이 뒤덮여 갑자기 기후가 추워져서 그들이 즐겨먹던 양치류 종류의 식물이 없어져서 먹이가 바뀌는 통에 변비가 생겨서 제대로 배설을 못하게 된 바람에 멸종하게 되었다는 학설도 있다.

인간이 지구 위에 나타난지 40만년이라고 보는 인류학자도 있고, 10만년이라고 보는 학자들도 있다.

예수 탄생 당시의 전지구 인류는 2억을 넘지 않았던 것으로 계산하는 것이 오늘날 상식이 되어 있다.

인간은 오늘날 50억이 넘는다.

또 잘 사는 선진국 보다는 못사는 나라들이 아직은 많은게 사실이다. 지난 시대의 많은 학자들은 인류는 20세기를 넘기지 못하고 멸망하리라고들 했다.

첫째 그런 공포의 원인은 핵전쟁이 일어날 가능성, 그 다음이 공해가 원인이 될 수가 있다고 했다.

또 다른 견해로서는 인류는 이미 생물학적으로 진화가 정지되었을 뿐만 아니라 퇴화 현상이 여러모로 나타나고 있다고 인류의 장래를 비관하는 학자들도 많다.

그런데 나는 지금 인종이 변해가고 있다고 주장하는 사람이다.

아무도 모르고 있는, 또 알려고도 하지 않는 이 사실에 대하여 이제부터 이야기해 보고저 한다.

오늘날의 지구 위에 살고 있는 인류는 내가 알기에 2천년전 옛날의 환경에 적응하게끔 된 신체구조를 갖고 있다.

결코 전파시대, 복잡한 공해문명속에 적응하여 살게 된 육체를 갖고 있지 않다는 이야기이다. 그러나 기본적으로는 인간의 육체와 정신은 그 적응력이 무한에 가까운게 사실이다.

그 좋은 예가 혹한의 남극지대에서 얼음 위에서도 인간은 생존하며, 반대로 열사(熱沙)의 사막 위에서도 인간은 생존한다.

그러니까 어떤 공해 속에서도 생존의지가 있는한, 인간은 살아남을 수 있다고 주장하는 학자들도 있다.

인간을 비롯하여 모든 생물들은 주변 환경에 적응하지 못하면 멸망하게 되어 있고, 돌연변이를 일으켜 적응한 생물은 살아남게 되어 있다.

하등동물일수록 돌연변이를 잘 일으켜서 생존할 수 있는 확률은 크고 고등동물일수록 이것이 어렵게 되어 있다.

그러면 인간은 어떨까?

지금 서서히 인간의 일부는 변천된 지구환경에 맞게끔 일종의 돌연변이를 일으키고 있는 중이라고 나는 판단한다.

그 구체적인 예를 이제부터 들어볼까 한다.

현대인들은 좁은 공간 속에서 살고 있기 때문에 도시에서는 아파트에서 사는 사람들이 매우 많다.

이 아파트는 이제 도시 뿐만 아니라 서서히 농촌지대에 까지도 파고 들기 시작했다. 그런데 잘 알다시피 아파트는 철근 콘크리트 건물이다.

자연히 지자기(地磁氣)를 차단하게 되어 있다. 그런데 인간을 비롯하여 거의 모든 생물은 땅 위에서 살게 되어 있지 공중에서 살게 되어 있지는 않은 신체구조를 갖고 있음을 알아야 한다.

결국 아파트의 5층 이상에서 사는 사람들은 항상 공중에 머물러 있는 꼴이 된다. 지표와 높이 떨어져 있는 만큼 지자기의 영향은 적게 받는 대신, 우주에서 오는 각종 우주선에는 그만큼 많이 노출되는 생활을 해야 한다.

어머니 뱃속에서 부터 고층 아파트에 살게 되고, 그뒤 태어나서도 인생을 아파트에서만 산다면 그 사람들은 어떻게 변할 것인가? 어에 대해서 구체적인 예를 들어서 이야기해 보면 다음과 같다.

우선 아파트에서 태어나 자란 어린이들은 골격구조가 가늘고 얼굴도 갸름하고, 이마는 넓고, 소식가(小食家)인 경우가 많다.

흔히 골다공증(骨多孔症)이란 병으로 골수에 공간이 많이 생겨서 혈액생성이 잘 안되는 병도 지자기부조인 아파트 생활자에게서 많이 찾아볼 수 있는 병이다.

현대도시인들 가운데에는 딱딱한 음식보다는 유동식, 특히 쥬스 종류를 좋아하는 경향이 있다.

여자 아이들의 경우, 성장을 해도 골반이 좁아서 아이를 낳을 때는 제왕절개(帝王切開)를 해야 되는 경우가 많은 것도 아파트 거주자에게 많은 현상이다.

원인모를 피부평, 악성의 관절염, 신경통 이 모두가 인체에 필요한 지자기 부족에서 오는 질병이라고 나는 추측하고 있다.

임산부 가운데에는 멀쩡하게 자기 힘으로 아이를 낳을 수가 있는데 제왕절개를 하는 경우가 많은데 이것은 매우 좋지 않은 일이라고 생각한다.

신생아는 태어날 때, 좁은 질구를 통해 고통을 받고 태어남으로써 이 험한 세상을 살아가는데 필요한 기본적인 인내심의 바탕을 얻게 마련인데, 편하게 태어난 아이들은 성장한 뒤에도 어려운 것을 참고 견디는 인내심이 부족한 성격이 되기가 쉽고 한편 산모는 죽을것 같은 출산의 고통을 통하여 얻은 자식이기에 더욱 소중하고 사랑스럽기 마련인데, 마취된 가운데 쉽게 얻은 아이는 기본적으로 애정을 덜 느끼게 되는 것같이 생각이 된다.

또한 자궁을 절개하면 여성이 불감증이 되기 쉽다는 사실도 명심해 주기 바란다. 여자의 고질적인 불감증은 쉽사리 가정파탄의 원인이 된다는 것은 우습게 보아 넘길 문제가 아니라고 생각한다.

요즘 젊은 부인들 가운데에는 어린 자식을 버리고 이혼하는 사례가 많은 것도 이런데 이유가 있다고 생각이 된다.

앞서도 이야기했지만, 또한 진통을 겪고 아이를 분만하므로써 그뒤의 부부생활에 좋은 영향을 준다는 것은 어느 정도 의학적으로도 입증된 이야기이다. 완고하던 여성의 불감증은 아이를 두어명 낳게 되면 자연치유가 되는 경우가 많은데 요즘은 편하게 아이를 낳기 때문에 오히려 성적인 감각 마저 둔화되는 경향이 많다는 이야기이다.

한마디로 말해서 무엇이나 자연 그대로가 좋은 것임을 알아야 한다.

자고로 열대나 한대 지방에서는 문명이 발달되지 못한게 사실이다.

다만 추위와 더위가 골고루 찾아드는 온대지방에서 갖가지로 변하는 기후의 악조건 속에서 인간은 적응해 나가면서 오늘날의 문명인이 된 것임을 알아야 한다.

나는 집에다가 에어컨을 달고도 여름내내 한번도 작동시키지 않고 지내는 경우가 많다. 인공의 기온 조절은 생체리듬에 불쾌한 혼란을 가져오기 때문이다.

몇년을 아파트에서 살았으면 땅위로 내려오는 생활로 바꾸는게 좋은 경우가 많다. 그렇지 않으면 자석 반지라든가, 자석요라든가, 인공적으로 만든 자석을 이용한 기구를 쓰는게 좋다고 생각한다.

내가 아파트 생활이 인간의 건강에 좋지 않다고 말해서 아파트 건설업자들에게 비난을 받을지는 모르지만, 이것은 생활인들이 반드시 알아둘 필요가 있는 지식이라고 생각이 되기에 소개한 것이다.

아파트에서 태어난 부모, 그 다음 세대도 또 그 다음 세대도 같은 생활을 반복할 때 인종은 바뀌어 갈 것으로 생각이 된다.

남녀간에 신체의 성기능의 발육이 시원치 않아서 튼튼한 아이를 낳을 가능성이 적어질 것으로 생각이 된다.

왜냐하면 지표를 떠나 우주공간에서의 종족번식은 바람직하지 못 하기 때문이다.

3. 남녀 구별의 문제

60대인 우리들이 자랄 때만 해도 그렇지 않았는데 요즘 아이들은 한창 뛰고 놀고 자라야 할 시기에 공부에 몹시 시달리고 있다.

어린이들은 어느 의미에서 어른들하고는 전혀 생리가 다른 중성 인간이다.

생식기로는 엄연히 남녀의 구별이 되어 있지만, 어른이 되기 전에는 단순한 배설기구에 지나지 않는다.

열대여섯살이 되어서 성홀몬이 활발하게 분비되면서 성기는 생식기로 변하고 몸은 급속도로 성장을 한다.

이때, 이른바 심령과학에서 말하는 육체 속에 깃들여 있는 유체도 급속하게 성장을 하게 된다.

인간은 누구나 죽을 때 육체를 매미가 껍질을 벗듯 벗어던지고 유체는 그대로 저승에 가게 마련이고, 그러기 때문에 유체의 뇌에는 전생의 기억이 담겨져 있기 마련이다.

남녀의 생식기는 몸의 일부인것 같지만 새로운 생명을 창조하는 기관으로 영양분도 최우선으로 공급을 받게 되어 있고, 어느 정도 반독립(半獨立)의 기능을 갖고 있다고 생각된다.

아니, 어떤 종류의 성인(成人) 남녀의 경우에는 자기의 생식기의 절대적인 지배(支配)아래 놓여 있는 사람들도 많은게 사실이다.

생식기에는 전생의 기억이 있다고 나는 믿는다. 남성의 경우, 어떤 특정의 여성에 대해서 민감한 성적인 반응을 보이는게 그 좋은 예라고 할 수가 있다.

생식기가 본능적으로 혐오감을 느끼는 이성이 있다는 것은 많은 사람들이 흔히 경험하고 있는 사실이 아닌가 한다.

얼굴도 잘 생겼고 성격도 좋은데 도저히 여성으로서의 매력을 느낄 수가 없다. 즉 함께 잠자리에 들고 싶은 생각이 나지 않는 여성은 있게 마련이다.

이런 경우, 전생에서 나쁜 인연을 가졌던 예라고 할 수가 있다.

분명히는 모르지만 무엇인가 매우 마음에 상처를 입은 일이 있기에 이런 현상이 일어나는 것으로 생각이 된다.

이것은 여성의 경우도 마찬가지다.

생활능력도 있고 성실한 성격인데 생리적으로 소름이 끼치는 남성이 있다.

주변에서는 모두 좋다고 결혼할 것을 권하는데 본인은 도저히 마음이 내키지 않아서, 그보다 객관적인 조건이 훨씬 못한 남성과 결혼하는 예가 있다.

전생에서 그 남자에게 강간을 당하고 살해당한 경우라면 이런 반응이 나타남은 지극히 당연한 일이라고 생각한다.

이것은 우리의 생식기가 전생을 기억한다는 하나의 좋은 증거라고 나는 믿는다.

'생리적으로 어쩔 수 없이 싫은 상대하고는 절대로 결혼해서는 안된다'고 나는 믿는다.

이야기가 약간 본론에서 벗어나가기에 다시 화제를 바꾸기로 한다.

처음에 이야기한 바와 같이 한참 운동을 하고 자라야 할 나이에 너무 공부에만 치우치면 영향분은 두 눈에만 쏠리게 되고, 사내아이의 경우 사춘기의 발동이 없이 그대로 성인이 되는 경우가 있다.

또 여자인 경우에는 월경없이 그대로 몸만 커지는 경우도 있다.

"우리 아들은 공부만 한답니다."

하고 부모님들은 단순하게 기뻐만 하는데 이런 남자 아이의 경우, 문제의 심각함을 알아야 한다.

한번도 자위행위(自慰行爲)를 하지 않고 그대로 어른이 되는 경우가 요즘은 꽤 많다고 한다.

좋은 대학을 졸업하고 훌륭한 직장에 취직을 해서 선을 보고 결혼을 했는데 이 젊은이는 성불능이어서, 자기 아내와 성행위를 할 욕망이 전혀 없어서 문제가 생겨서 이혼하게 된 그런 경우를 나는 여러번 상담에 응한 일이 있는 것이다.

성기는 아무 때나 성장하는게 아니고 성장하는 시기가 정해져 있게 마련이다.

성기는 하나의 배설기구일 뿐, 생식기 역할을 하지 않게 된다는 것을 아는 사람들은 매우 드물지 않나 생각한다.

전생에 몇대에 걸쳐서 승려생활을 한 사람들이 이성에 관심을 갖지 못하고 남색에 빠지는 경우가 있는데, 이것은 성기가 전생을 기억하고 있기 때문에 일어나는 현상이라고 할 수가 있다.

나의 경우도 분명히 전생에서 여성이었던 경우가 있는것 같이 생각이 된다.

왜냐하면 나는 젊은 시절, 어깨는 좁고 엉덩이가 유난히 큰 체격을 지니고 있었고, 소변볼 때는 여자처럼 앉아서 보는게 훨씬 편했었고, 빨래하는 것, 요리 만드는 것, 반느질하는 것을 굉장히 좋아했었고, 또 이성보다는 동성에 더 매력을 느낀 사실이 있었기 때문이다.

다행히 그럴만한 기회가 없어서 남색(南色)에 빠진 일은 없지만, 내가 좋아하던 친구의 곁에 서면 온 몸이 짜릿해지던 경험은 지금도 생생하게 기억을 하고 있다.

그때는 성격도 몹시 내성적이고 소극적이었었다. 대인관계가 아주 좋지 않았었다. 그러다가 40대에 들어서 변신을 하여 심령능력자가 된 뒤로 성격이 모두 변해 버렸다. 어느날, 대중탕에 가서 거울 앞에 서보니 엉덩이도 작아져 있었다. 성격도 외향적(外向的)이 되고 사람 만나는 것을 전혀 두려워하지 않게 되었다. 남자로 변한 것이었다.

시험공부가 어린이들에게 너무나 무거운 부담을 주고 있는 것은 사실이다.

남자가 되어야 할 시기에, 여성으로서 월경이 있어야 할 시기에 지나친 공부 때문에 성 기능이 발달하지 못함은 큰 일이라고 하지 않을 수 없다.

멀지않은 장래에 인간은 꿀벌사회를 닮아갈 것으로 생각이 된다.

지금까지는 남녀만이 있었지만, 앞으로는남자도 아니고 여자도 아닌 중성인간 즉, 몸은 성인이지만 생식능력이 없는 중성인간이 나타날 것으로 생각이 된다.

인간은 누구나 생식능력이 생기면서 노화현상이 시작이 된다고 한다.

다음 세대를 위하여 생명의 씨앗을 만들기 시작하면 그 개체는 늙어가기 시작하게 마련이다. 그러나 생식능력이 없어진 인간에게는 노화현상은 어느 정도 정지되거나 더디어질 것으로 생각이 된다.

성기능이 발달되지 못할만큼 공부에만 열중했던 사람들은 필연적으로 머리만 발달된 엘리트가 될 것이고, 이런 사람들은 가정을 이루고 자녀를 낳고 기르는 일반인과는 전혀 다른 생활을 하게 될 것이 아닌가 생각이 된다. 또한 이것은 의학적인 특수한 외과수술을 받으므로써도 가능한 일이라고 생각이 된다.

미래사회(未來社會)는 전체적으로 좀더 합리적으로 관리되는 사회가 될 가능성이 많다고 나는 생각한다.

지금은 자본주의 국가의 경우, 인간의 기능관리가 전혀 안되어 있는 자유스러운 사회이지만, 앞으로는 그렇지 못한 것으로 생각이 된다.

사회적인 윤리관도 크게 변해가고 있는게 사실이다.

누구나 꼭 결혼해야만 한다는 생각도 그 구속력을 점점 잃어가고 있는게 아닌가 한다.

주변환경의 심한 압력때문에 현대는 그 어느때 보다도 정신병자가 많은 시대인 것도 사실이다. 큰 일이라고 생각한다.

주택과 주변 환경의 영향을 받아서 인종이 지금과는 다른 형태로 변해가고 있음도 사실이다.

여지껏 이런 문제에 대해서 거론이 된 일이 없기에 이 글이 여러분의 관심을 불러 일으켜 줄수 있는 계기가 되었다면 다행이라고 생각한다.

4. 2100년의 시대

누구나 알고 있듯이 우리가 살고 있는 세계는 시간이 과거에서부터 미래를 향해 흐르는 직선 위에 놓여 있고, 우리는 언제나 현재라는 시간 속에 갇혀 있게 마련이다.

그 누구도 '어제'라는 과거로 돌아갈 수 없고, '내일'이라는 미래로 갈 수 없는게 현실이다.

그런것은 누구나 다 알고 있는 상식인데 무슨 새삼스러운 소리냐고 탓할 분도 많으리라고 생각하지만, 우리가 죽은 뒤에 가는 저승은 이와는 반대의 구조라는 생각을 해본 분은 별로 많지 않으리라고 생각한다.

어제도 오늘도 내일도 동시에 존재하는 '시간의 벽'이 없는 곳이 저승임을 알아야 한다. 다시 말해서 5천년 전에 죽은 사람도 어제 죽은 사람도 내일 태어날 사람의 혼도 함께 존재하는 곳이 바로 저승이기 때문이다.

그러나 이승은 시간의 벽으로 둘러싸여 있지만 인연으로 만나는 곳이기 때문에 어떤 인연이 있는 사람들끼리 함께 살게 마련이고, 뜻이 맞지 않더라도 부자로 태어나면 아침 저녁으로 만나야 한다. 그러나 저승은 마음의 파장(波長)이 틀리는 사람들끼리는 절대로 만날 수 없는 것이라고 한다.

또한 이승 사람들은 태어나기 전 저승에서 있었던 일들을 기억하지 못하지만, 반대로 저승 사람들은 죽기 전 있었던 일들을 기억하고 있다고 한다.

하나에서 열까지 서로 반대되는 입장에 있는게 이승과 저승이라고 생각하면 될것 같다.

우리나라 사람들은 죽었다는 뜻으로 '돌아간다'는 말을 쓴다.

그것은 인간의 영원한 고향은 어디까지나 저승이고, 이승은 잠시 여행온 곳에 지나지 않기 때문이다.

그런 가운데 나라는 사람은 남달리 유체가 발달이 되어 있어서 저승과 이승 사이를 어느 정도 왔다갔다 하는 괴짜 인간인 셈이다.

마음을 육체에서 분리시켜서 이승 아닌 저승을 여러번 다녀온 일이 있는게 사실이다. 오늘은 미래 세계에 잠시 다녀온 이야기를 적어볼까 한다.

어느날, 나는 몇명의 정신병자를 접대하고 굉장히 피곤함을 느껴서 사무실에서 집으로 돌아와 자리에 누운 일이 있었다.

조용히 두눈을 감고 자리에 누워 있는데 갑자기 '퍽'하는 소리가 들렸다.

정신을 차려보니 나는 유체이탈을 하고 있었다.

시체와 같이 누워 있는 자신의 육체가 저 아래 보였다.

"여보게, 자네 오늘은 나하고 함께 미래의 세계에 나들이가지 않겠나?"

하는 굵은 목소리가 들렸다.

깜짝놀라 돌아다보니 웬 수염이 하얀 노인이 내 곁에 떠 있었다.

어디서 많이 본 낯익은 얼굴이었다.

누굴까하고 생각하는데

"놀라지 말게. 나는 바로 자네의 보호령(保護領)이고 또한 자네자신의 본체이기도 하다네!"

"좋습니다. 안내해 주십시오."

하자 내 눈 앞에는 오색으로 빛나는 커다란 턴널이 나타났다.

우리 두사람은 급기야 그 턴널 속으로 빨려 들어갔다. 그 순간, 정신이 아득해지는 것 같았다.

다음에 정신을 차려보니 우리는 하늘을 날고 있었다.

밑을 내려다보니 나무들이 무성한 것으로 보아 시골인 듯 했다. 그런데 도로가 거의 보이지 않았다.

또한 하늘에는 계란 모양을 한 이상한 비행물체들이 수없이 날고 있었다.

"저게 무어죠?"

"미래세계의 교통기관이라네. 반중력(反重力)엔진이 발명된 뒤로는 자동차는 모두 자취를 감추었다네."

"그래요, 지금이 언제죠?"

"서기 2100년이라네."

"네, 그러면 1백년 이상 미래의 세계로군요."

"그렇다네!"

"여기가 한국입니까?"

"그렇다네."

그 순간 나는 불현듯이 알고 싶은 것이 머리에 떠올랐다.

"아직도 남북한이 서로 대립하고 있어요?"

"아니라네. 아세아 연방이 구성되어서 아세아 지역의 아홉개 나라는 하나나 다름없이 되었다네."

"……"

"한국의 대통령이 된 분의 제안으로 처음에는 중공과 대만, 북한과 대한민국이 하나가 되었다네. 그러나 연방정부(聯邦政府)는 공해문제와 자원문제와 인구문제만 조절할 뿐, 나머지는 각 나라가 자유스러운 입장이라네!"

"그럼, 한국이 통일이 된 것은 아니로군요."

"그야 그렇지. 하지만 예전과 같은 적대관계는 아니라네. 서로 여권만 있으면 언제든지 방문할 수 있는 곳이 되었어."

"놀라운 일이군요."

"중공은 공해없는 농산물을 생산하는 농업국이 되었고, 한국인들 가운데 1천만명 가까운 사람들이 대륙으로 이민을 했고, 한국은 농업을 폐지했으며 중소기업, 경공업 전문의 나라가 되었다네!"

"네!"

"그리고 만주의 안동성(安東省)과 길림성(吉林省)도 북한과 남한의 공동 통치하에 있어서 고구려의 옛 국토를 되찾은 셈이지."

"네! 그렇다면 다른 나라들은 어떻게 되었나요?"

"남북 아메리카는 아메리카 연방, 아프리카는 아프리카 연방, 구라파는 구라파 연방이 되었다네. 이를테면 지금은 연방시대이고 이제 멀지 않아서 세계연방으로 통일이 될 것이라는 예측이 있네."

"다행하게도 지난 100년 동안에 핵전쟁은 일어나지 않았군요!"

"그렇다네. 그뒤 인류는 핵전쟁의 공포에서 영원히 해방되었다네!"

"잘 알겠습니다."

"그러나 한가지 명심할 것은 지금 자네가 보고 있는 것은 영계에서 마련한 하나의 청사진의 세계이지, 실제 미래세계는 아니라는 점이야!"

"네?"

나는 무슨 뜻인지 몰라 어리둥절하는 수 밖에 없었다.

"현실세계에서 어떤 일이 일어나려면, 사람들의 마음 속에 소망이 있어야 하네. 그 소망이 생기면, 지금 자네가 본 것과 같은 세계가 우선 먼저 영계의 미래세계에 나타나게 되고, 그 다음에 현실화 되는 것이라네!"

"잘 알겠습니다."

"아뭏든 사람들이 원하지 않는 일들은 결코 생기지 않는 것이라네!"

그 다음 순간, 나는 또다시 '퍽'하는 소리를 들었고, 다시금 눈앞에 커다란 소용돌이가 나타나 그 속으로 빨려 들어갔다.

정신을 차려보니 나는 낯익은 내 방에 누워 있었다. 그러나 하늘

위에서 내려다 본 미래의 한국의 모습은 너무나도 생생했다.

그런 평화스러운 날이 찾아오기를 바라는 마음 간절하다.

나는 나의 보호령의 인도로 저승에 가서 그곳에 마련된 미래 세계의 청사진을 보고 와서 얼마나 마음이 놓였는지 모른다.

우리 모두가 노력하면 반드시 좋은 세상은 다가오리라.

한가지 아쉬운 것은 아세아 연방 운동을 일으킨 14대 한국 대통령이 과연 누구였는지 알아보지 못한게 몹시 아쉬웠다.

천기누설이 될까봐 가르쳐주지 않은 것이려니 하고 생각하는 수 밖에 없다고 생각이 되었다.

5. 죽을 때는 체중감소

최근 심령과학의 지식이 밝힌 바에 의하면 저승과 이승은 파장(波長)이 서로 다른 세계일 뿐 어쩌면 같은 공간 속에 동시에 존재할 가능성도 있다고 했다.

그런 뜻에서 유령을 본다는 것은 잠시 유령이 존재하는 세계의 파장이 이 세상의 파장과 같아졌기 때문이라고 할 수 있다.

나는 어느때 부터인지, 유체이탈(幽體離脫)이 아닌 상념이탈(想念離脫)을 하므로써 육체는 이승에·남겨둔채 마음만 저승에 갔다올 수 있게 되었다.

오늘은 그 이야기를 해볼까 한다.

1986년 5월에 있었던 일이다.

그때 나는 일본에 살고 있는 회원들과의 모임을 위하여 동경에 와 있었는데 나하고 절친한 사이며 일본의 저명한 카운셀러인 후나이 · 유끼도(舟井幸雄)씨로 부터 긴급전화가 걸려온 일이 있었다.

"저희 회사의 여사무원의 동생이 교통사고를 당해서 대단한 중상(重傷)을 입었는데 전혀 의식불명의 상태입니다. 근대 의학의 모든 수단을 다해보았지만 전혀 살아날 가망성이 없습니다. 어떻게 심령치료의 기술로 살려낼 수는 없을까요?"

하는 부탁이었다.

나는 환자의 누나를 시켜서 본인의 사진을 가져 오게 했다.

우선 사진을 통하여 강렬한 염파(念波)를 보냈다. 그리고 난 뒤에 나는 환자의 사진을 손바닥에 놓은채 두눈을 감고 상념이탈을 했다.

다음 순간, 나는 어딘지 모를 어둠컴컴한 곳에 가 있었다.

앞에 커다란 문이 보이고, 그 앞에 많은 사람들이 줄을 지어 서 있었다.

저승으로 들어가는 입구라는 생각이 들었다. 늘어선 사람들 속에서 교통사고를 당한 젊은이를 찾아내는 것은 그리 어려운 일은 아니었다.

나는 저승의 문지기에게 이 사람은 아직 죽을때가 되지 않았으니 다시 이승으로 내가 데려간다고 말하고, 둘이 함께 그 자리를 떠났다.

다음에 정신을 차려보니 병원의 응급실 안이었다. 침대 위에는 산소 마스크를 한 젊은이가 누워 있었다.

"자아 늦기 전에 어서 자기 몸으로 들어가시오."

하고 나는 환자를 힘껏 떠다밀었다.

두 눈을 뜨니 조수(助手)인 다쓰미군(辰尾君)이 걱정스러운 표정으로 들여다보고 있었다.

10분쯤 지난 뒤에 전화를 해보니, 방금 전에 환자는 기적적으로 의식을 회복했노라고 했다.

한달이 지난 뒤에, 그 젊은이는 아무런 후유증없이 퇴원을 했고 누나와 함께 나에게 인사를 하러 왔다.

병원에서는 도저히 있을 수 없는 일이 일어났노라고, 모두 기적이라고 말했다는 이야기였다.

또 한가지 몇년 전 일본에 갔을 때 겪은 체험담 하나를 소개하고저 한다.

남편은 치과의사였고 자기보다 나이가 다섯살이나 아래였는데 최근에 암으로 죽었다고 했다.

그런데 이 죽은 남편이 밤마다 자기를 찾아와 육체관계를 갖는다고 했다.

또 전화가 걸려와 수화기를 들어보면 분명 죽은 남편의 목소리가 들려온다고 했다. 자기 친구에게도 죽은 남편이 몇번이나 전화를 건 일도 있노라고 했다.

나는 그녀 남편의 사진을 손에 쥐고 상념이탈을 했다.

어두운 곳이 보였다.

침침하고 어두운 곳에 한 사나이가 웅크리고 앉아 있었다.

"지금 당신의 남편이 무엇인가 이야기하고 싶어하는데 들어보시겠어요? 평소의 남편의 말투와 같은 데가 있나 확인해 보세요."

하고 나는 침침한 곳에 웅크리고 있는 사나이의 목소리를 그대로 전해 주었다.

"기미꼬, 정말 미안하구나! 살아 있을 때는 너희들에게 폐만 끼친 것을 정말 미안하게 생각한다. 나는 죽은 뒤에도 내 마음이 존재하리라고는 믿지 않았었다. 놀라운 일이 아닐 수 없다. 어떻게 나를 이 어두운 곳에서 빠져나가게 할 수는 없겠느냐? 부탁한다."

"바로 맞았습니다. 평소의 저의 남편의 말투 그대로입니다."

돌아다보니 부인은 눈물을 좔좔 흘리고 있었다.

나는 다시 두눈을 감았다.

어두운 곳에 웅크리고 있는 사나이가 보였다. 마음 속으로 '빛이여 나타나라!' 하고 외쳤다.

그 순간, 그 사나이가 있는 곳에 어디선지 강렬한 빛 한줄기가 비쳐 들어왔다. 동시에 방금 내가 마음 속으로 외친 '빛이여 나타나라!'는 목소리가 크게 메아리쳐 들렸다. 빛은 더욱 강력해지면서 주위의 어둠은 깨끗이 사라졌다.

정신을 차려보니 그 사나이만 웅크리고 있는게 아니었다. 수많은 사나이들이 하나같이 웅크리고 있는게 보였다.

밝은 빛이 한줄기 무대의 스폿트·라이트처럼 비쳐들자, 모두 그 빛에 빨려 들어가 높은 하늘을 향해 날아 올라갔다.

다음 순간, 나는 두눈을 떴다.

나도 모르게 부인 앞에서 덩실덩실 꼽새 춤을 추었다. 그러면서 내 목소리가 아닌 낯선 일본어로 이렇게 이야기했다.

"나는 안선생님 덕분에 구제되었다. 살아서는 너희들에게 폐만 끼쳤지만 이제는 보호령이 되어서 너희들 모녀를 지켜주련다. 좋은 인연이 있으면 다시 재혼을 하도록 해라. 방해는 하지 않을테니 안심해라!"

부인은 이렇게 말했다.

"저희가 언젠가 며칠동안 집을 비운 일이 있었습니다. 그때 집에 돌아오니까, 남편은 지금 안선생님이 추신것과 같은 꼽새 춤을 추었습니다. 남편의 영혼이 구제된 것이 틀림이 없습니다."

하고 부인은 눈물을 흘렸다.

여지껏 어둠컴컴하던 유계에서 빛이 찬란한 영계로 승천(昇天)한 그녀 남편의 기쁨이 어떤 것인지 나는 어렴풋이 짐작이 간다.

며칠이 지난 뒤였다.

이 부인에게서 전화가 걸려 왔다.

"이제는 남편에게서 오는 파장이 상쾌합니다. 밤마다 나타나던 일도 없어졌습니다."

하는 그녀의 목소리는 아주 명랑했다.

우리가 죽음을 두려워하는 것은 죽음의 세계를 모르기 때문이다. 사람은 그 누구나 언젠가 한번은 죽게 마련인 것이고, 이 운명에서 벗어날 수 있는 방법은 없는게 사실이다. 그렇다면 아직 살아 있을 때에 죽음 저 너머의 세상에 대해 잘 연구해 둘 필요가 있지 않나 생각한다.

인간에게는 누구나 영혼이 있고 이 영혼은 영생불멸의 존재라고 했다.

사람이 죽을 때, 모두 한결같이 20g의 체중감소가 있는 것을 조사하여 영혼의 무게는 20g라는 논문을 쓴 의학자도 있는 것이 사실이다.

인간이 태어나는 목적은 윤회전생을 통하여 많은 경험을 얻음으로써 신적(神的)인 존재로 진화하기 위한게 아니냐 하는게 나의 생각이다.

나는 심령과학자가 된 뒤로 귀신들과 대화를 하는 것이 습관이 되었고, 그런 뒤로는 공포영화를 보아도 하나도 무섭지가 않다.

사람은 누구나 잘 아는 일에 대해서는 공포를 느끼지 않는 일이기 때문이다.

나는 생각한다.

생각하기에 따라서, 저승과 이승과의 차이는 종이 한겹의 차이라고…. 그리고 누구나 밤마다 꿈을 꾸므로써 이승과 저승 사이를 넘나들고 있는게 아닌가 생각한다.

매일 밤 사람은 누구나 죽었다가 아침이면 다시 태어난다고 생각하면 죽음에 대한 공포는 훨씬 덜해질 것으로 생각한다.

6. 인연을 맺어주라

부처님의 말씀에 의하면 길가에서 옷깃이 스치기 위해서도 삼생(三生)에 걸친 인연이 있어야 한다고 했다.

나는 그동안 20년 가까이 수많은 사람들을 만났고 숙명통(宿命通)의 신통력을 얻은 덕분에 많은 사람들의 인연풀이를 해준게 사실이다.

사람과 사람의 만남이 모두가 나름대로 서로 원인이 있어서 비롯되는 것이고 또한 그 인연이 다할 때, 어제까지의 다정하던 부부가 생이별을 하거나 사별을 하게 되는 것이라고 생각이 된다.

남녀사이에는 선악은 존재하지 않으며 다만 어떠한 인연이 있었는가 하는 것만이 문제일 따름이다.

남녀가 서로 만나서 잠시나마 정을 맺는 것은 알고 보면 지나간 세상에 그럴만한 원인을 만들었기 때문에 이렇게해서 인연이 생기나, 또한 그 인연이 다하면 언제 서로를 좋아했더냐 싶게 헤어지기도 하고, 사별(死別)하기도 하는게 이 세상의 이치가 아닌가 한다.

이번에는 내가 가까이에서 겪은 이런 이야기를 하나 소개하여 볼까 한다.

김충량(金忠良)군 (가명)은 나의 고등학교 후배이기도 하고 10여년 전부터 나를 따라 온 제자의 한 사람이기도 하다.

그가 처음 나를 찾은 것은 대학시절이었는데, 어느덧 세월이 지나가다 보니 그도 30살이 훨씬 넘게 되었다.

그는 그의 집안의 장손이기도 하고 본인은 물론이고, 그 가족들도 빨리 좋은 인연이 나타나기를 바라고 있었는데 그것이 좀처럼 뜻같이 되지 않았다.

김군은 내 밑에서 오랫동안 수도한 덕으로 나름대로 어느 정도의 '숙명통'의 능력을 갖고 있는 처지였다.

그런 김군이 하루는 나를 찾아왔다.

"내년 4월 초에는 인연있는 여인을 만날 것 같습니다."

라는 말을 했다.

꿈을 통하여 계시(啓示)가 있었다는 이야기였다.

얼굴이 갸름하고 아주 특색있는 인상을 풍기는 인연이라고 했다. 그러나 아무리 생각해도 자기 주변에는 현재 이런 여인은 없다고 했다.

"꿈 속에서 아, 이 여자가 내 배필이로구나, 하는 느낌이 들었지요. 어디선가 많이 본 얼굴인데 누군지는 영 알수가 없었죠. 지금 같아서는 한강 모래바닥에서 바늘을 찾는 것 같은 이야기죠."

하고 김군은 허망한 꿈을 믿고 자기의 배필을 찾으려는 노력이 어이가 없는 것같은 태도였다.

"아니야. 그렇게만 말할 것만도 아닐세. 자네의 천생배필을 만나고저 하는 소망이 하도 간절해서 하늘이 감동하여 꿈을 통하여 미리 알려준 것이라고 생각이 되네!"

하고 나는 그를 위로를 해주었다.

그러나 해가 바뀌고 4월에 들어서였다. 하루는 그가 밝은 표정으로 나를 찾아왔다.

"꿈 속에서 만났던 그 여성을 드디어 찾아냈습니다. 알고 보니 지금부터 약 9년전에 잠시 사귄 일이 있었던 여성이었습니다. 그때는 제가 대학생이었고 아직 결혼 같은 것을 생각할 수 있는 처지가 아니었습니다. 또한 제가 감당하기에는 벅찬 여성이라는 생각이 들어서 흐지부지 만나지 않게 되었던 것이었죠."

"그래서?"

"그런데 최근에 어느 책점에 들렀다가 심령과학에 관한 번역책을 발견했는데, 그 책의 여자가 9년전에 헤어진 여자의 이름이었기에 혹시 동명이인이 아닌가해서 출판사에 조회를 해봤더니 제가 아는 여성이 분명했습니다."

하고 김군은 자초지종을 자세히 이야기했다. 그녀는 F대학의 전임강사라고 했다. 김군이 룸펜이나 다름없는 입장에 비하면 우선 사회적으로 좋은 위치에 있는게 분명하다.

서른이 넘었는데 아직 독신인게 이상했으나, 아무래도 그녀에게는 장래를 약속한 남성이 있는것 같아서 불안하다고 김군은 이야기를 했다.

"그녀에게 정말 인연이 있는 남성이 있다면 아직까지 독신일 까닭이 없네. 무엇인가 좋은 핑개를 대어서 내 앞으로 데려와 보게. 그러면 그녀와 자네와의 과거의 인연을 알아볼 수가 있을걸세. 과거가 있어서 오늘의 만남이 있는게 아닌가. 그 사연을 분명히 알수만 있다면 내일의 인연을 맺게 할수도 있는 일이 아니겠는가?"

하고 나는 김군을 격려했다.

며칠 뒤였다.

김군으로 부터 전화가 걸려 왔다.

"그녀의 어머님이 중한 당뇨병 환자로 입원중이신데 안선생님이 도울 수 있다는 이야기를 했더니 한번 만나뵙게 해달라는군요."

나는 쾌히 승낙을 해서 시간약속을 했다.

다음 주였다고 생각이 된다.

김군이 이 여인을 데리고 나를 찾아 왔다. 우선 어머니의 병에 대한 이야기부터 했다.

내가 발견한 '옴 진동수' 복용에 의하여 당뇨병 환자가 완치(完治)된 예는 수 없이 많다는 이야기를 해주고 그녀의 어머니를 모시고 오라고 권유를 했다.

"아가씨의 전생(前生)을 보니 장량(張良)의 사촌 누이 동생이었구려. 역사상에는 나타나 있지 않지만, 세상에 나오기 전에 장량을 많이 도와준 것같군요. 그런데 김군은 전생이 바로 장량이었으니 좋은 인연이라고 생각해요. 혹시 결혼하지 않았거든 김군과 결혼하는게 어떻겠소."

하고 나는 단도직입적으로 이야기를 했다.

그 순간이었다.

그녀는 얼굴이 빨게졌고 노기 띈 표정으로 나를 날카롭게 바라다 보았다.

"안선생님답지 않은 말씀이군요. 저는 어머님의 병 의논드리러 온것이지 제 혼사문제 때문에 온게 아닙니다. 저에게는 벌써 몇년전부터 장래를 약속하고 사귀어온 사람이 있습니다."

금시 자리라도 박차고 일어설 것과 같은 무서운 기세였다.

"나는 그렇게 생각하지는 않소. 정말 인연이 있는 남자라면 아가씨를 30살이 넘도록 그대로 두었을 까닭이 없다고 생각하오. 내가 보기에는 김군이 보다 좋은 인연 같군. 결혼하시구려, 결혼하시구려, 결혼하시구료."

나는 이렇게 농담처럼 세번 결혼하라는 말을 되풀이 했다.

그녀는 몹시 화가난 표정으로 자리를 박차고 일어났고, 김군의 난처하고 민망해 하는 표정은 내가 보기에도 미안할 지경이었다.

이로써 나로서는 할수 있는 일은 다했다고 생각했기에 나는 그대로 잊고 말았다. 그런데 한 1주일이 지났을 무렵이었다. 김군에게서 전화가 걸려왔다. 지난번에는 여러가지로 애써 주어서 고맙다는 이야기와 함께 5월초에 날을 잡아서 결혼식을 올리게 되었노라고 했다.

나중에 생각해 보니, 정말 인연이 있는 사람이라면 30살이 넘도록 그냥 처녀로 두었겠느냐고 한 내 이야기가, 그녀가 김군과 결혼을 결심하게 된 결정적인 동기가 되었던게 아닌가 하는 생각이 든다.

어쨌든 과거에 원인이 있어서 오늘의 만남이 있는게 분명하고,

그 과거와 오늘의 인연을 분명히 알게 될 때, 사람의 미래는 결정되는게 아닌가 생각이 된다.

김군 내외의 결혼식에는 내가 주례를 섰고, 그뒤 김군도 직장이 정해졌고 일년이 지난 뒤에 귀여운 딸을 얻었다.

이들의 가정이 내내 행복하기를 바라는 마음 간절하다.

7. 죽음에 이르는 마음의 병

우리는 흔히 병이라고 하면 몸의 어디가 아프다던가, 고장이 나서 신체의 어느 부분을 못쓰게 된 것만을 병인줄 알고 있는 경향이 있다.

인간이란 육체만 살아 움직이고 정신이 이미 가버린 이는 노망이 난 것이고, 몸은 멀쩡한데 마음이 온전치 못한 사람은 팔불출이니 등신이니 하는 말로 부른다.

문명이 발달하면 할수록 사람들은 마음과 몸에 긴장을 받게 되고, 이른바 스트레스가 쌓여서 정신이 이를 감당치 못하게 되면, 가볍게는 노이로오제부터 자폐증(自閉症)이라든가, 과대망상증, 피해망상증, 분열증, 우울증 같은 병을 앓게 된다.

자기 외의 모든 것을 믿지 않게 되어 스스로 마음의 울타리를 치고, 그 속에 몸을 숨기는 것이 자폐증이고, 맞벌이하는 부모 덕분에 무력한 어린이가 아파트 속에 갇혀 살다보면 자폐증에 걸리게 되는 경우가 많은데, 어른들도 이 병에 걸리게 되면, 지나치게 얌전해지고 혼자 중얼거리고 대인관계를 전혀 못하게 된다.

이런 증상들은 통털어서 정신질환에 속하는데 이런 정신질환에 속하지 않으면서도 암과 같이 죽음에 이르는 마음의 병이 있다.

그 병이 바로 '나 아니면 안된다'는 병이다. 독자들은 도대체 무슨 소리를 하고 있는지 얼른 납득이 가지 않으리라고 생각되기에, 이제부터 그 병에 대한 이야기를 해볼까 한다.

나 아니면 안된다는 병에 걸린 사람들의 우선 대표적인 경우가 자기자신의 주제를 파악하지 못하고 몇번이고 국회의원에 출마했다가 떨어지는 사람들이 있다.

이 병에 걸리게 되면, 자기에게 들려주는 충고는 전부 비방으로 들리게 된다. 아첨하고 치켜세운 말만이 귀에 달갑고, 가산은 탕진되고 처자식들은 비참한 지경에 이르지만, 본인은 오히려 건강도 좋고 당당하기만 한 게 특징이다.

이런 사람이 어쩌다 한번 국회의원에 당선되면 나 아니면 안된다는 병은 더욱 깊어진다.

나는 이 병이 죽음에 이르는 병이라고 했는데 그 가장 좋은 예가 돌아가신 박정희 대통령의 경우다.

이 분은 나 아니면 안된다는 병에 걸려서 군사혁명을 일으켰고, 여러번에 걸쳐서 이 나라의 통치권자가 된것은 누구나 다 아는 사실이다.

가난하던 이 나라가 그 분의 통치시대에 걸음마를 시작했고, 선진국 대열에까지 끼게 된 것은 사실이다.

여러 방면에 많은 인재가 배출되었으니, 그분이 자리에서 물러나고 뒷사람에게 양보를 했더라면 박정희씨는 아직도 건재했으리라고 생각한다. 그러나 그분의 나 아니면 안된다는 병은 이미 암의 말기단계에 가 있었기에 유신헌법을 말들고, 민주국가란 허울뿐이고, 고대(古代)의 독재군주로 변신을 한 것이었다.

육영수 여사가 암살 되었을 때, 박정희씨는 나 아니면 안된다는 병을 치유할 수도 있었는데 그분은 자기가 이상한 병에 걸린 환자라는 것을 알지도 못했고 또 알려고도 하지 않았었기에 결국 총탄에 의하여 저승행을 할 수 밖에 없었던 것이라고 생각한다.

그분이 이 나라에 끼친 공(功)이 그야말로 컸었기에 하늘은 부인을 그런 모양으로 소환하여 박정희씨로 하여금 나 아니면 안된다는 병을 치료할 수 있는 기회를 주었지만 그 분은 자기 병을 모르고 있었고, 결국 암과 같이 비참한 최후를 맞았던 것이라고 나는 생각한다.

나 아니면 안된다는 심각한 병에 걸린 사람의 손에 4,000만 명의 운명을 그냥 맡겨둘 수는 없었기에 하늘은 강제로 그 분을 소환하였고, 그는 나 아니면 안된다는 병에서 해방이 되었던게 아닌가 한다.

그런 점에서 7년만에 대통령 자리를 물러선 전두환씨는 이 병에서 치유가 되었기에 아직 건재한 것이라고 나는 생각한다.

8. 단념하지 않는 마음이 기적을…

얼마 전 일이었다. 나는 아내와 함께 포항공과대학에서 조교수로 일하고 있던 아들을 만나러 포항에 간 일이 있었다.

아들은 미국대학에서 공학박사 학위를 땄고, 며느리도 유전공학 박사를 따고 귀국한지 얼마 되지 않는 무렵이었다.

나는 이상하게도 평생을 두고 단 한번도 직장생활을 해 본 일이 없었다. 어느 의미에서 나처럼 철저하게 이 사회에 적응하지 못한 사람도 드물 것이라고 생각한다.

대신 나는 40대에 들어서면서 심령능력자로 변신하여 특수한 체질개선법을 발견하였고, '옴 진동수'라는 희귀한 물의 원리를 알아내어서 수많은 환자들을 건강하게 해줌으로써 이 방면에서는 자타가 인정하는 권위자가 된게 사실이다.

우리나라에 45,000명, 일본에도 5,000명 이상의 회원이 있으니 5만명이나 되는 많은 사람들이 나를 따르고 내 도움을 입고 있는게 사실이다.

어느 의미에서 나는 사회에는 적응을 못했지만, 반대로 많은 사람들을 나에게 적응시켜서 살아가고 있는 셈이다.

나는 심령능력자이기에 신(神)들의 존재를 믿고, 또 그들을 부릴 수도 있는 사람이다.

서두는 이만하고, 우리 부부는 포항행 비행기를 탔는데 비행기가 이륙한지 30분 가량 되었을 무렵 승무원이 나타나 갑자기 포항일대에 짙은 안개가 끼어서 착륙하는게 위험해졌기 때문에 대구로 기수를 돌렸으니 양해해 달라고 했다.

대구 칼(KAL)에서 버스 편으로 종착지까지 실어다주니까 포항에는 한시간 가량 늦게 도착하게 되리라는 이야기였다.

나는 승무원에게 물었다.

"안개가 끼었다면 이제라도 강풍이 불면 예정대로 포항공항에 내릴 수 있겠군요."

"그렇습니다."

"포항공항하고는 계속 연락을 하고 있나요?"

"네, 그렇습니다."

나는 곁에 앉아 있는 아내를 돌아다보았다.

"포항의 날씨는 동해용왕이 조절하게 되어 있으니, 우리 둘이서 용왕에게 부탁해보는게 어떻겠소?"

아내는 표정으로 보아 내 말을 안믿는 모양이다. 그렇다고 굳이 반대하는 뜻도 아닌듯 했다. 가만이 고개를 끄덕였다.

나는 오른 손으로 아내의 한 손을 잡고 두눈을 감았다.

"동해용왕이시어, 나는 심령능력자인 안동민인데 아들을 급히 만날 일이 있어서 포항에 가는 길이오. 힘드시겠지만 바람을 일으켜서 포항 공항에 낀 안개를 거두어 주시오."

라고 부탁을 했다.

그랬더니 이상하게 곧 반응이 있었다.

"동해용왕이 존재한다는 것을 믿어주시니 고맙소. 모처럼의 부탁인데 그렇게 해드리리다." 하는 목소리와 함께 나의 마음의 눈에 비친 포항 하늘의 짙은 안개가 바람에 불려 사라지는게 아닌가!"

두 눈을 뜨니 스튜어디스가 마침 내 밑을 지나고 있었다.

"이제라도 안개가 걷히면 포항에 갈 수가 있나요?"

"그건 안 됩니다. 이미 기수는 대구를 향하고 있고 20분 뒤에는 대구 공항에 도착할 것입니다."

나는 그제서야 단념을 하고 두눈을 감았다. 10분쯤 지났을 무렵이다. 두눈을 뜨고 창밖으로 바라다 본나는 깜짝 놀라지 않을 수 없었다.

비행기가 해안선을 따라 날고 있었기 때문이다. 분명 대구는 내륙지방인데 바닷가를 날고 있다는게 아무래도 이상했다.

그러나 나는 설마 이곳이 포항 상공인줄은 모르고 있었다.

승무원이 가까이 오더니

"갑자기 바람이 불어서 안개가 거쳤기 때문에 예정대로 포항에 내리게 되었습니다." 하는게 아닌가.

착륙 20분을 앞두고 결코 단념하지 않은 내 마음이 기적을 일으킨 것이라고 나는 생각한다.

9. 지구의 마음이 만들어 낸 존재

지극히 환상적인 이야기일지는 모르지만 지구는 우리와는 비교가 안되는 거대한 규모의 생명체라고 생각해 보자.

용암은 지구의 끓는 피고, 대지는 살이고, 암석층은 골격, 그리고 지구 위를 덮고 있는 나무들은 지구의 머리칼, 체모(體毛)라고 생각해 보자.

우주에서 쉴새없이 내려 퍼붓는 여러가지 우주선과 태양빛은 지구에게 필요한 영양분이라고 생각해 보자.

우리가 퍼 쓰는 석유자원은 지구의 피부 밑에 저장되어 있는 지방층이라고 생각해 보자.

지구는 우주 속을 떠도는 외로운 존재, 그래서 스스로의 마음을 즐겁게 하기 위하여 많은 생명들을 탄생시켜서 지구 위에서 살게 했다고 생각해 보자.

그런데 언제부터인지 그 많은 생물들 가운데 인간이라는 존재가 나타나서 번식을 하기 시작하더니 어느덧 온 땅 위를 뒤덮게 되고, 지구의 모든 자원을 마구 낭비하더니 이제는 분수없이 생태계를 마구 파괴하고 공해물질을 마구 쏟아 놓아서 강(江)과 바다를 오염시키고 있다.

대기(大氣)가 완전히 오염되면 곤충들과 식물들이 죽게 되어, 산소가 없어지고 인간은 전멸한다.

지구는 또다시 외로워진다.

살고 싶은 뜻을 잃게 될지도 모른다.

왜냐하면 지구 위에 살고 있는 모든 생명체들은 지구의 마음이 만들어 낸 존재이기 때문이다.

그들이 자취를 감출 때, 지구의 마음도 죽게 되어 뜨거운 용암도 식어 버리면 이 지구는 다시는 생명을 잉태할 수 없는 죽은 별로 변할 것이다.

죽음은 삽시간에 닥쳐올 수가 있음을 알아야 한다.

아마존 강 유역을 개척하면 이 땅 위의 산소 생산지가 그만큼 줄어 든다고 한다.

아마존의 숲에서 만들어 내는 산소, 바다 위에 떠있는 프랑크톤들이 만들어 내는 산소, 그리고 나머지는 지구를 뒤덮고 있는 숲에서 우리가 숨쉴 수 있는 산소를 만들어내고 있는데, 숲의 면적은 날로 줄어들고 산소가 필요한 인간들의 수효는 기하급수적으로 늘어나고 유해 개스를 내뿜는 자동차들이 무서운 속도로 그 수효가 늘어나고 있으니 산소가 부족해질 날도 멀지 않다고 생각한다.

지구는 자연 그대로라면 앞으로 4~5억년은 더 생존할 수 있지만, 지금대로 무분별한 인간의 관리에 맡기면, 중년 남자가 고혈압에 쓸어지듯이 어느날 갑자기 핵전쟁으로 죽을지도 모르고, 그렇지 않더라도 늘어나는 공해로 말미암아 지구 위에 살고 있는 모든 생물들이 그 자취를 감출 날도 멀지 않다고 본다.

우리가 자연환경으로 학대하면 반드시 그 보복을 받게 마련이다.

사람들은 어째서 그린벨트가 필요한지를 잘 모르는게 아닌가 생각이 된다.

1,000만명이 넘는 서울 사람들에게 필요한 산소가 어디서 생산되는지 한번 깊이 생각해볼 문제라고 생각한다.

지구의 처지에서 볼 때, 우리 인간들은 일종의 악성 병원균과 같은 존재가 아닐까 하는 생각을 해본다.

우리 인간들이 지구를 완전히 죽게 하기 전에 지구는 스스로 자구

책을 쓸수도 있다고 생각한다.

지구와 같은 거대한 마음은 얼마든지 인간의 마음을 조절할 수도 있기 때문에 필요한 인물들의 마음을 움직여서 인간이 스스로 자멸의 길을 가도록 할 수도 있다고 생각한다.

이번의 걸프 전쟁도 그 좋은 예라고 생각이 된다. 광대한 국토와 풍부한 석유자원을 가진 이라크가 쿠웨이트를 탐내어 점령했다는 것이 우리네 한국인의 처지에서는 도저히 이해가 되지 않는 행동이다.

걸프 전쟁이 끝남과 동시에 어쩌면 전쟁은 영원히 인류에게서 떠난것이 아닌가 하는 생각이 든다. 하지만 진짜 전쟁은 지금 진행중인 공해전쟁이 아닌가 생각한다.

우리가 마시는 물과 먹는 음식, 들여 쉬는 공기를 통하여 몸에 해로운 공해물질들이 쉴 새 없이 우리 몸에 들어오고 있다. 들어온 공해물질의 일부는 대소변과 땀을 통하여 몸 밖을 나가지만 대부분은 그대로 뼈 속에 침전된다고 한다. 그리하여 생물학적인 한계점에 이를 때, 그 생물은 순식간에 죽게 된다.

요즘 그런 현상이 천천이 우리 둘레에서 진행되고 있다는 사실을 알고 있는 사람들은 많지가 않다. 아무렇지 않게 저녁식사를 들었던 사람이 아침이 되어도 깨어나지를 않는다. 의사는 심장마비에 의한 갑작스러운 죽음이라고 진단한다. 이것은 의사가 아니더라도 할 수 있는 소리다.

사람은 죽을 때는 누구든지 심장마비를 일으켜 죽게 되어 있으니까 말이다.

길거리에 차를 세워놓아서는 안될 곳에 개인택시가 서 있다. 순경이 쫓아가보니 택시 운전사는 잠든채 죽어 있는 그런 사건이 하루에 한 두건씩 매일 일어나고 있다고 한다. 원인은 과로라고 한다. 이런 일들은 일체 신문에 보도되지 않기 때문에 일반 사람들은 모르고 있을 뿐이다.

미래의 어느 날, 시청 하늘 위를 날던 비둘기떼들이 우루루 떨어져 죽고, 길 가던 행인들이 갑자기 떼죽음을 하는 그런 일들이 반드시 일어나리라는 예견이 든다.

해부 결과, 공해 때문에 생긴 현상이라는 판단이 내려진다. 그렇게 되면 세상은 발칵 뒤집혀질게다.

그러나 그렇다고 해도 지금으로서는 이렇다 할 아무런 대책이 없다. 농약을 뿌려서 기른 곡식을 안 먹을 수 없고, 아황산개스가 섞인 공기를 안마실 수도 없는 일이기 때문이다.

그러나 해결책이 아주 없는 것은 아니다.

내가 발견한 '옴 진동수'를 계속 마시기만 한다면 공해물질의 축적을 어느 정도 막을 수 있다고 본다.

'옴 진동수'의 복용을 방사능 중독으로 죽어가던 환자가 해독된 예도 있다.

'옴 진동수'은 천지창조때, 처음으로 울려퍼진 소리라고 했다. 지구가 돌아가면서 내는 소리라고도 했다.

불교에서는 '옴 진언(眞言)' 속에 모든 우주의 비밀이 숨겨져 있다고 했다.

나는 지나간 20년 동안, 연인원(延人員) 24만명이 넘는 수많은 사람들에게 '옴 진동수'를 마시게 해서 여러가지 암을 비롯한 많은 난치병 환자들의 체질을 개선하여서 건강을 회복시켜주는 가운데, '옴 진동수'가 몸안에 축적된 여러가지 공해물질을 신속하게 몸 밖으로 내보내는 능력이 있음을 체험을 통해서 알게 되었기에 이런 이야기를 자신있게 말할 수 있다.

그러나 앞서 예를 든것과 같은 긴급사태가 생겼을 때는 지금과 같이 '옴 진동수'을 녹음한 테이프를 배포하는 것으로서는 사태를 수습할 수 없다고 생각한다.

가장 효과적인 방법은 TV방송을 통하여 '옴 진동음'을 방송해서 청취자들로 하여금 녹음을 시켜서 각자가 '옴 진동수'를 만들어 마시게 한다면 사람들이 공해물질의 체내 축적으로 해서 목숨을 잃는 일은 막을 수 있다는 생각이다.

지금은 '옴 진동수'를 보급하기 위하여 회원제로 운영하고 있지만, 긴급사태가 일어나게 되면 TV방송을 하게 될테니까 나는 어쩔 수 없이 무료봉사를 하게 될 것으로 생각한다.

이 우주를 지배하는 우주법칙 첫번째가 인과응보다. 사람들이 자기네들만이 살기 위해서 생태계를 파괴하고 자연을 학대하니 반드시 그 보복은 받게 마련이다. 그 보복이 바로 여러 공해물질이 몸 안에 고여 한계점에 이를 때, 세계 여러 나라에서 동시에 찾아올 것으로 생각한다.

내가 아는한, 그런 위급상황을 극복할 수 있는 것은 지금으로서는 '옴 진동수' 복용밖에 달리 방법이 없지 않나 한다.

사람들이 다행히 내 말을 따라준다면 인류는 공해로 인한 멸망을 면하고 새로운 출발을 할 수 있을 것으로 생각한다.

10. 퇴화된 인간들

나는 모든 일에 대하여 인연을 중요하게 알고 있다. 아무리 알고 싶은 사람도 인연이 없으면 만날 수 없다는 것을 나는 믿는다.

지난 날, 나는 일본에서 어떤 유명한 작가를 만나기 위하여 무척 애썼지만 끝내 그를 만나지 못했다. 미리 편지와 책도 보냈고, 그가 나를 피할 아무런 이유도 없는데 사무실로 찾아간 나를 그는 끝내 만나 주지를 않았었다.

이것은 사람과 사람과의 만남만이 그런것은 아니다. 책이라든가 그런 사물의 경우도 마찬가지라고 생각한다.

몇년 전에 산 책을 바로 눈 앞에 두고도 읽지 못하는 경우가 있다. 어느 날, 때가 되니까 갑자기 그 책이 읽고 싶어진다. 그리고는 여지껏 몰랐던 아주 중요한 사실을 알게 된다. 아마 1년 전에 읽었더라면 아직·마음의 준비가 되어있지 않았었기에 그런 새로운 사실을 찾아내지는 못했을 것이라고 생각한다.

어느 날, 나는 나의 집무실 서가에 꽂힌 문 · 쓰아트가 쓴 〈테레파시의 자기진단〉 이라는 책에 눈길이 갔다.

책을 꺼내들고 대강 내용을 훑어 보았다.

이 책의 내용에 이런 글이 실려 있었다.

인간의 뇌세포는 약 150억개로 이루어져 있는데 보통 사람들은 5퍼센트에서 7퍼세트를 쓸 따름이라고 했다.

생물학적으로 고찰하면 인간의 뇌세포 수효, 기타 여러가지 증거로 미루어보아 평균 수명이 800년에서 1,000년을 살아 마땅하다고 했다. 또한 정보를 전달하는 방식도 언어를 매체로 쓴게 아니라 텔레파시 능력을 발휘하도록 되어 있는데 정상이라고 했다. 그리고 지금으로부터 15,000년 내지 2,000년 전에는 분명 인간에게는 그런 능력이 있었으리라는 이야기였다.

이 글을 읽은 순간이었다.

나는 나도 모르게 15,000년에서 20,000년 옛날로 시간여행을 했다. 그래서 내가 알게 된것은 그때의 지구는 지축(地軸)이 수직이었고, 전부가 열대지방이었고, 부피가 지금과는 비교가 안되게 컸으며, 또한 바다가 거의 없었고 산맥도 또한 없었다는 생각이 들었다.

어느 날, 외계에서 우리의 태양계로 침입한 달의 4분의 1 크기의 혜성이 지금의 태평양 부분에 낙하를 해서 지구는 지축이 기울어졌고, 온 땅 위에는 화산폭발이 일어나 용암에 뒤 덮혔고, 지구의 크기는 급격히 줄어들어서 주름이 잡힌 것이 산맥을 이루게 되었으며, 땅 위에 살던 거의 모든 생물들은 멸종을 했고, 설사 살아남은 것도 이 거대한 충격으로 유전자(遺傳子)에 큰 변화가 일어났으며, 인간들 가운데 거인족(巨人足)들은 전부 멸망을 했고 우주문명(宇宙文明)을 갖고 있던 일부 소수인들은 재난이 올 것을 미리 알고 우주선을 타고 지구를 미리 떠나지 않았느냐 하는 생각이 들었다.

이때부터 인간은 오늘날의 인류와 같은 100년도 살지 못하는 단명족(短命族)으로 퇴화했고, 또한 150억개의 뇌세포는 거의 전부 폐쇄회로로 변하여 텔레파시 능력과 그밖의 모든 초능력을 잃게 되어서 언어만을 정보교환수단으로 쓰는 오늘날의 인간들의 조상이 탄생한 것이 아닌가 하는 생각이 들었다.

또한 그때까지는 자연의 상태에서도 육각형 구조의 한가운데 진공점(眞空点)이 있어서 전자력이 충전되어 있었던 생명수가 그 기억을 잃게 되어 오늘날 보게 되는 보통 생수로 변하게 된 것이 아닌가 한다.

따라서 내가 발견한 '옴 진동수'는 그때의 대변동이 일어나기 전에 존재했던 생명수라는 것, 어쩌면 이 '옴 진동수'를 장기간 복용하므로서 인간은 다시 그 옛날에 몸에 지녔던 여러가지 초능력을 되찾게 될 뿐만 아니라, 또다시 수명이 길어지는게 아닌가 하는 생각이 든 순간이기도 했다.

나는 올해로서 만 61세가 된다.

그런데 지난해 부터 나에게는 기적이 일어나기 시작한 것이다. 곧 젊어지는 증상이다.

10년 전에 나를 만났던 사람들이 다시 만나보고는 한결같이 하는 소리가 그때보다 젊어졌고 활기에 넘쳐 보인다는 이야기였다.

덕분에 '옴 진동수'의 효용에 대하여 많은 설명이 필요하지 않게 된 것은 정말 다행이라고 생각한다.

11. 조상천도 이야기

흔히들 잘되면 자기 탓, 못되는 일은 조상탓이라는 말이 있다. 뿌리없는 나무가 없듯이, 우리는 누구나 조상이 있기 마련이다.

어제가 있기에 오늘이 있고 내일이 있듯 요즘 사람들은 조상은 나하고는 아무런 관계가 없다는 듯이 행동하는 사람들이 많다.

자꾸만 되풀이 되는 교통사고, 거듭되는 사업실패 때문에 나를 찾아온 사람들을 보면 대개 조상에 문제가 있는 사람들이 많다.

자살한 조상, 사고를 당한 분들, 장수하지 못하는 집안을 보면 반드시 조상에 문제들이 있음을 알 수가 있다.

나는 2년 전(1990년) 7월부터 이른바 조상천도를 해왔다. 그 원리는 아주 간단하다.

우리 인간의 모든 뿌리를 거슬러 올라가면 무극신(無極神)이 된다.

나는 지난 20년 동안 수많은 보살행을 통하여 많은 사람들에게 빙의된 혼들을 제령한 적이 있거니와 나의 주특기는 자기 고유의 영파를 없애고 누구의 영파하고나 동조할 수 있는 신통력을 지녔다는 점이다.

신계(神界)에서 내려준 나의 공식 직함은 무극신의 분령체(分靈體)인 청룡신인(青龍新人) 정법사(正法士)(주 : 바로 우주의 법을 집행할 수 있는 사람의 뜻)이기에 나는 잠시동안은 무극신 자체의 능력을 일부 행사할 수가 있고, 그렇게 변신을 하게 되면, 모든 천신(天神), 지신(地神), 수신(水神), 지장보살, 염라대왕, 저승사자들이 내 부탁을 들어주게 되어 있다. 그리하여 그분들의 힘을 빌려서 유명계(幽名界)를 헤매고 있는 모든 조상령들을 불러다가 제사음식을 들게 한 뒤에, 저마다 전생(前生)의 인연에 따라서 다시 이승을 재생하게 만드는게 바로 조상천도이고, 그렇게 되면 영계나 유명계에 계신 조상영들은 모두 복합영이 되어서 육신을 갖추고 이승에 태어나게 되니, 조상이 원한영으로서 자손들을 괴롭히거나 하소연할 수는 없게 되는 것이다.

나도 우리 집안의 조상천도를 한 뒤로는 선친의 제사도 폐지를 한 바가 있다.

100성 이상을 조상천도를 하면 어쩌면 저승에는 한국인들의 영혼은 존재하지 않게 될지도 모른다는 생각을 해본다.

그러나 아무나 신청한다고 해서 곧 조상천도가 되는 것은 물론 아니다.

그전에 '옴 진동수' 복용 가족이 되어서 적어도 100일 이상 '옴 진동수'를 마셔서 몸과 마음을 깨끗이 해야만 한다.

일반 종교에서 하는 조상천도는 유명계를 헤매고 있는 가까운 조상들의 영혼을 더 고급 영계로 보내는 일일뿐, 나와 같이 사람으로 재생시키는 일은 아니며, 나의 경우와 같이 시조에 이르기까지 한다는 것은 엄두도 못내는 일임을 알아야 한다.

내 자신의 마음이 잠시 무극신이 되므로써 이것은 가능해지는 것이다.

한편, 조상들의 방황하던 영혼들이 제대로 천도되었는지 아닌지는 곧 그 반응이 나타나게 마련이다.

오랫동안 앓아오던 정신병이 완쾌된다든가, 운이 열려서 하던 일이 갑자기 잘되게 된다던가, 깨어졌던 혼담이 성립이 된다던가 효능은 여러가지임을 알수가 있다.

2년 전 7일 초에 시작해서 2년이 지나는 동안, 50여명의조상천도를 했는데 80퍼센트 이상이 좋은 결과를 가져 왔다.

조상천도를 해줄 단계가 되어 있지 않은 사람들은 우선 본인들의 마음이 움직이지 않게 마련이다. 내 말이 믿어지지 않는 것이고, 들어가는 비용이 아까운 생각이 들고, 또한 무슨 사정이 생겨서 조상천도를 할수 없게 됨을 여러번 경험한 바가 있다.

모든 일은 인연이 있어야 되고, 때가 되어야 되며, 사람을 제대로 만나게 되는게 아닌가 생각한다.

그래서 조상천도는 아주 신중하게 해야 한다는 것을 뼈저리게 느끼고 있는 요즈음이다.

12. 사고사에는 전생에 원인…

흔히들 우리는 죽고 사는 것은 하늘의 뜻이라는 말을 한다. 또한 목숨은 하늘이 주는 것이기에 거두어 가는 것도 하늘의 뜻이라는 말을 한다. 이 말이 사실이라면 우리는 우리 마음대로 죽을 수도 없고, 또한 살수도 없다는 뜻이 된다.

과연 그것은 사실일까?

나는 사실이라고 믿는다. 지난 60여년 동안에 겪은 수많은 경험을 통하여 나는 이 사실을 믿게 되었다.

우선 내 경우만 보아도 적어도 일곱번 이상 죽을 뻔한 일이 있었고 그 가운데 세번은 실제로 숨을 거두었으나 다시 살아나고 말았다. 적어도 나의 경우는 마음대로 죽을 수 없다는 것을 뼈저리게 체험한 셈이 된다.

얼마 전 일이었다.

아버지와 어머니와·큰 아들로 이루어진 한 가족이 나를 찾아온 일이 있었다.

말없이 젊은이의 사진을 내 앞에 내어놓았다. 얼른 보기에 살아있는 사람 같지가 않았다. 그래서 나는 물었다.

"살아 있습니까?"

"아닌데요."

"사고로 죽었나요?"

"그렇습니다."

"혹시 교통사고나 물에 빠져 죽은게 아닙니까?"

나의 이 말이 떨어지는 순간, 어머니는 울음을 터뜨렸다.

나는 젊은이의 사진을 지켜보면서 내자신의 영파를 지우고 젊은이 자신으로 변신(變身)을 시켰다.

바닷가에 서 있는 젊은이가 물 속에 들어가는 순간, 난데없이 물 속에서 한 젊은 여인이 솟아올라 젊은이의 발목을 휘어잡았다.

"저예요. 오래 전부터 당신을 기다리고 있었어요."

젊은이는 너무나 놀라서 심장마비를 일으켰다.

"댁의 아드님은 전생(前生)에서 한 여자를 사랑했습니다. 그러나 부모들이 완강하게 반대하는 바람에, 그 처녀는 가까운 바다에 빠져 죽었습니다."

젊은이의 아버지가 말했습니다.

"내가 반대한다고 죽을 것까지야 뭐 있나? 그런 싸가지 없는 계집은 잘 죽었느니라. 너도 딴 생각말고 내가 천거하는 아이와·결혼해라!"

그때의 아버지가 바로 선생이십니다.

딸을 잃은 부모의 슬픔을 조금만 생각했어도 그런 부정한 말은 하지 않았을 것입니다. 그런 말을 한 것 때문에 아들을 잃는 슬픔을 겪게 된것이고 그때 바다에 빠져 죽은 처녀가 이번에 아들을 데려간 것이고, 지금은 남해(南海)용궁의 손님이 되어서 잘 지내고 있습니다. 그리고 선생께서 전생의 잘못을 뉘우치신다면 큰 아드님이 결혼하게 된 뒤에 손자로서 다시 태어나게 할 수도 있습니다. 그렇게 되면 죽은 아들의 특징을 가진 아이가 태어날 것입니다.

죽었다는 것은 잠시 안보이는 세계로 옮겨진 것에 지나지 않습니다. 너무 슬퍼하지 마십시오. 하고 나는 위로를 해 주었다. "그리고 선생은 '옴 진동수' 가족이 되었기 때문에 수명이 20년은 연명이 될것입니다. 지금대로라면 선생은 지금부터 10년안에 술좌석에서 화를 내다가 쓰러져 운명할 팔자인데 그 성격이 고쳐짐으로써 수명이 연장되는 것이고, 이것은 죽은 아드님덕분입니다. 아들이 일찍 죽은 대신 아버지의 목숨이 연명이 된 때문입니다."

하고 나는 설명을 해주었다.

"저희가 전생에서 지은 죄 때문에 아들이 일찍 죽은 것은 아니군요."

라고 흐느끼던 어머니도 울음을 거두었다.

나는 믿는다, 이세상에 결코 우연은 없다고. 사고로 죽는 것은 반드시 전생에 그럴만한 원인을 만들었기 때문에 일어나는 일임을 우리 모두가 알아야 한다고 생각한다.

사람이 어떤 경유로 죽게 되는가는 거의 전생에 저지른 일이 원인이 되는 것이기 때문이다.

이 세상에 더 살아야 할 필요가 있는 사람은 아무리 위급한 경지에 빠져도 구사일생으로 살아난다는 사실을 모두 명심해 주기 바란다.

13. 시간 속을 간다

벌써 여러 번 이야기한 것으로 알지만 이승은 시간이 과거에서 현재를 거쳐서 미래로 흐르는 세계이고, 영계인 저승이란 곳은 과거, 현재, 미래가 동시에 존재하는 시간이 정지된 세계이다.

우리네 살아있는 사람들은 언제나 현재라는 시간 속에 살고 있고 과거나 미래로 여행할 수는 없지만, 영계에 사는 저승사람들은 그렇지가 않다.

마음의 파장만 같으면 5,000년 전에 죽은 사람의 영혼이 어제 죽은 사람과 만날 수도 있고, 심지어는 아직 태어나지도 않은 미래세계의 사람과 만날수도 있는게 저승이라는 세계라고 했다.

나는 언제부터인지 영파의 주파수를 변경시킴으로써 시간 속을 여행할 수 있는 특수능력자가 된 바가 있다.

올해(1992년도)는 네번에 걸친 선거가 있고 이 때문에 경제가 휘청하게 되리라고 모두 걱정들을 하고 있지만 결정적으로 돈이 안드는 선거법을 생각해 낸 이는 아무도 없는 것으로 알고 있다.

그래서 나는 나의 특수능력을 이용하여 가까운 미래세계로 여행을 해보기로 했다. 그랬더니 그곳에서는 정말 놀라운 일들이 벌어지고 있었다.

정말 돈이 거의 안드는 선거가 이루어지고 있음을 나는 볼수가 있었다.

오늘은 그 이야기를 해볼까 한다.

선거에서 돈이 드는 것은 입후보자와 유권자의 접촉에서 비롯된다. 만일 효율적으로 입후보자와 유권자가 서로 만나지 않게하고, 그러면서도 유권자들에게 입후보들의 모든 면모를 잘 알릴 수 있는 방법이 마련이 된다면 선거는 돈을 거의 쓰지 않고도 치룰 수 있을 게다.

내가 가본 미래세계의 선거제도는 이랬다.

선거는 완전공영제가 되어 있었고, 국회의원선거제도는 대선거구제가 정착이 되어 있었다. 입후보자들은 각자 공탁금을 2,000만원 걸고 1,500명의 추천인들의 추천서를 받아야 한다.

선거연설을 하는것은 공평하게 비디오 필림으로 촬영이 되어서 통반장회에서 상영이 되고, 선거기간중 일정한 기간 각 극장이나 공회당에서 상영이 되고 모든 관객들에게 무료입장이 허용되며, 극장에는 선거관리위원회에서 극장사용료를 지불한다. 대통령선거는 TV에서 서로 토론하는 것이 되풀이 되어 방영(放映)된다.

14대 이후에는 내각책임제로 변하고 대통령은 국회에서 간접선거로 뽑게 된다. 남북문제가 해결이 되기 전에는 대통령제가 필요하지만, 남북문제가 결정적으로 해결이 된 뒤에는 내각책임제로 바꾸는게 더 효율적이기에 그렇게 되었다는 이야기였다.

그러기 위해서 14대 대통령 임기중에는 준내각책임제가 시행이 됨도 알수가 있었다.

나는 우리나라 백성들이 참으로 슬기롭다는 것을 알수가 있어서 여간 다행스럽지가 않았다.

다음에 궁금했던게 통일문제였다.

남북의 통일문제는 한국의 농촌 총각들에게 이북 출신아가씨들이 대거 시집을 옴으로써 그 물꼬가 터지는 것이었다.

장충체육장에서 1,300쌍의 남남북녀(南男北女)들의 합동결혼식이 이루어졌고 그 주례는 내자신이었다.

믿을 수 없는 일이었지만, 내가 본 환상은 분명했다. 이런 아이디어를 창안하여 북쪽과 교섭하여 성공시킨 것이 미래의 나 자신이었음도 또한 알수가 있었다.

정말 놀라운 일이 아닐 수 없었다.

지금까지는 작가요, 심령과학자에 지나지 않았던 내가 이런 엄청난 일을 하게 되리라는 것은 정말 믿기 어려운 일이었다.

또한 나는 〈21세기, 한국의 모습이 보인다〉라는 책을 출판할 운명이고, 이 책은 베스트셀러가 된다는 사실도 알수가 있었다.

나는 이 책에서 여러가지 종목에 걸친 한국의 미래상을 그렸고, 그 생각의 거의 전부가 이루어지고 있음도 또한 알수가 있었다.

지금까지는 과거로 향한 여행을 주로 했는데, 이번에는 미래로 향한 여행을 하게 되어서 그 기록을 책으로 발표함으로써 실제 한국의 미래사회에 큰 공헌을 했음을 알수가 있었다. 놀라운 일이 아닐 수 없었다.

나는 언제부터인지 과거와 미래로 시간여행을 할수 있는 특수능력자로 변신하게 된지 오래 되었다.

사람들은 내가 어떻게 하여서 과거와 미래의 일을 알 수 있는지 몹시 궁금해 한다.

과거는 각자의 머리로 시상하부(視床下部)에 있는 송과체(松果體) 속에 기록이 되어 있고, 그 송과체는 24시간 동안 고유한 영파의 파장으로 방송을 하고 있기 때문에 그 영파 파장에 동조하여 수신할 수 있는 능력이 있으면 쉽게 알수가 있다. 또한 토지(土地)나 건물로 그 곳에서 지난 날 일어난 사건들이 기록이 되어 있기 때문에 쉽사리 조사 대상이 될 수가 있다.

그러나 미래는 아직 일어나지 않은 일인데 어떻게 알수 있는가 하는 당연한 의문이 나오게 마련이다.

모든 사람들의 몸에는 삼혼칠백(三魂七魄)만이 깃들여 있고, 영혼은 영계에 존재하며, 현실세계에서 일어나는 일들은 먼저 영계(靈界)에서 시나리오가 써진 뒤에 현실세계에 투영(投影)이 된다. 이것은 마치 영사기에 필름을 끼고 영사를 하면 벽에 화면이 비추는 것과 같은 이치이다.

벽의 화면은 생생하지만, 어디까지나 허상에 불과하듯이, 현실세계에서 일어나는 일들은 그 시간이 지나가게 되면 모두 허상으로 돌아가게 된다.

한 사람의 미래는 그 사람이 마음 속으로 그리고 그것이 이루어지도록 노력을 할 때 미래의 현실이 된다.

나라의 운명도 마찬가지다.

많은 사람들이 믿고 원하는 사실들이 미래가 되어 나타나게 마련이다. 아무도 원하지 않는 일은 결코 미래가 되지는 않는다.

가장 좋은 예가, 사람들이 돈 안드는 선거를 입으로는 아무리 이야기해도 마음 속으로는 불가능하다고 생각하고 믿지 않을 때, 그런 선거제도는 결코 이루어지지 않는다.

돈 안드는 선거는 완전한 공영제(公營制)를 만들면 되고, 생각하는 것처럼 그렇게 어려운 것은 아니다.

문제는 권력을 잡고 있는 사람들이 돈 안드는 선거를 실시하게 되면 자기네들이 쥐고 있는 권력이나 금력을 동원할 수가 없기 때문에 선거에 지기가 쉽다는 불안감 때문에 동의하지 않으려는데 문제가 있다고 생각한다.

이번에 나는 〈21세기, 한국의 모습이 보인다(미래로 향한 여행)〉이라는 새로운 책을 출간한바 있거니와 여기에 보면 이렇게 되어 있다.

입후보한 사람은 2,000만원을 공탁을 하고, 1,500명의 추천인들의 추천서만 얻어서 선거관리위원회에 내게 되면, 입후보 등록이 된다.

입후보자들은 하나같이 똑같은 조건 아래에서 똑같은 시간 정견발표회를 하고, 아래장면들을 선거관리위원회에서 지정한 비디오회사에서 영화로 만든다. 이 영화를 공회당이나 학교강당 영화관등에서 무료상영을 시킨다. 입후보자와 유권자와의 직접적인 접촉은 일체 차단을 시킨다.

그렇게 되면 금품이 오고 갈 까닭이 없다.

또 똑같은 조건으로 선거가 치루어지기 때문에 불안감을 느낄 이유도 없다.

또한 이 선거제도가 채택되면 지금과 같은 소선거구제 보다는 대선거구제로 해서 두 사람을 뽑을 수 있게 되며, 난립한 것에서는 1만표 얻은 사람이 당선이 되고, 두 사람뿐인 선거구에서는 2만표 이상을 얻어도 차점자가 떨어지는 억울한 일이 없게 된다.

나는 내가 동원할 수 있는 모든 방법을 동원해서 알릴 생각이다.

나는 국제선을 출발 5분을 앞두고 탑승한 기록을 가진 사람이다.

결코 단념하지 않는 정신의 소유자이기에 열심히 뛰어볼 생각이다.

내 생각이 빠른시간안에 일반 사람들의 상식이 되기만 하면, 그것은 미래의 현실이될 것으로 생각이 된다. 왜냐하면 많은 사람들이 원하는 미래는 곧 현실로 변하는 것이기 때문이다.

제 4 장
우주의 비밀을 푼다

1. 왜 우주의 비밀을 밝혀야 하는가?

바로 백여년 전만 해도 우리 한국사람들은 세계가 둥글다는 사실을 알지 못했고 세계에는 수많은 나라들이 있다는 것을 알지 못했었다. 천하(天下)하면 조선 천지를 뜻하는 말이었다. 이것은 가까운 일본의 경우도 매한가지였었다. 일본이라는 나라는 60여개의 작은 나라가 모여서 이루어져 있었고 일본 국민 대다수에게는 일본이 전 세계였었다. 또 그렇게 알고도 살아가는데 있어서 아무런 지장도 없었던게 사실이기도 했었다. 그러나 세상은 갑자기 바뀌어서 조선 말고도 일본 말고도 세계에는 수많은 나라가 있음을 우리는 알게 되었고, 그들 다른 나라들과 무역을 통해서 긴밀한 관계를 갖지 않고는 살아갈 수 없는 세상이 된지 이미 오래이다. 100여년 전만 해도 우리는 자립해서 살아갈 수가 있었는데 오늘의 정세는 그렇지가 못하다는 이야기다. 인제 21세기가 되려면 10년도 남지 않았다. 20세기를 넘기지 못하고 우리 인류가 멸망하게 되리라는 예언들이 난무하는 가운데 어느덧 우리는 우리 태양계 안에서 하나의 고아와 같은 입장임을 알게 되었다.

우리 태양계 안에서 생물이 생존 가능한 별은 지구 밖에 없다는 생각이 어제까지의 우리의 상식이었다.

그러나 사실은 그렇지가 않다고 한다.

우리 태양계 안에서 문명(文明)이 가장 뒤떨어져 있는 별이 지구이고, 화성(火星)이나 금성(金星), 해왕성(海王星) 같은 별에도 우주인들이 살고 있으며, 그들의 문명은 지구보다는 수천년 내지는 수만년 앞서고 있다고 한다. 수명만 해도 지구인들은 불과 100년을 살지 못하는데 그들은 평균 수명이 1000년이라고 했다. 이것이 사실이라면 진정 놀라운 일이 아닐 수 없다.

2차대전 후 수없이 많은 UFO(비행접시)가 지구 상공에 나타난 바가 있다.

UFO, 즉 우주인들이 장난 삼아서 지구를 찾아오고 있다고 생각하는 이들은 아마 없으리라고 생각한다. 그들이 지구를 찾는데는 그들대로 무엇인가 중대한 목적이 있을 것이라는게 우리들의 추측이다.

지구 상공에서 목격되는 UFO의 대부분은 우리의 태양계 안에 있는 별들에서 날라온 것들인데 그들은 '지구에게 위기가 다가오고 있음을 경고하고' '뒤떨어진 지구인들을 계몽시켜줄' 목적으로 지구를 찾고 있음을 우리는 알아야 한다.

또한 지구인들이 원자력 에너지를 발견하여 원폭(原爆)이나 수폭(水爆) 시험을 하게 되자, 원자력 에너지의 이용을 그만두게 할 목적으로 자주 나타나곤 했다고 한다.

지구인들은 '지구에게 위기가 다가오고 있다'든가 '지구인의 문명은 뒤떨어져 있다'고 말해도 잘 이해할 수 없으리라고 생각이 되지만, 그들의 참뜻을 이해하려면 우선 '태양계의 참모습과 태양계 안에 있어서의 지구의 위치'를 분명히 알아둘 필요가 있다고 생각한다.

우리가 멸망하지 않으려면 오늘날 우리들이 놓여 있는 처지를 분명히 이해할 필요가 있고, 세계가 단일지구인 세계연방을 하루 빨리 이룩하여 자원문제, 인구문제, 공해문제들을 모두 합심하여 해결하도록 애쓰지 않으면 안된다.

100여년 전에 우리가 우물 안의 개구리였듯이 오늘날의 인류도 태양계 안에서 고아나 다름없는 입장에 놓여 있음을 우리 모두가 인식할 필요가 있다고 생각한다. 한 나라의 문제를 한 나라가 혼자의 힘으로 해결할 수 있는 시대는 이미 지나가고 있다.

세계가 한 나라가 되어야 하고, 이제는 우리 모두가 우리 태양계의 참모습을 알아야 할 때가 되었다고 생각한다.

지구의 멸망은 우리 지구만의 문제는 결코 아니며 우리 태양계 안의 다른 별들에게도 큰 영향을 끼치게 마련이다.

그래서 나는 이 〈업장소멸〉 마지막 책 맨 끝 장(章)에서 우주의 비밀을 밝히고자 하는 것이다.

혹성에는 우주인들이 살고 있다

앞서도 이야기했지만 화성이나 금성이나 해왕성 등 태양계의 혹성에는 지구와 똑같은 물과 공기가 있으며 어느 곳이나 인간이 살 수 있는 조건의 환경을 갖춘 별이라고 한다.

또한 그들 별에는 지구인들 보다 고도로 진화된 우주인들이 살고 있다.

한편 달에도 물과 공기가 있으며, 우주인이 기지를 만들어서 살고 있다고 한다. 태양계의 혹성들 가운데에서는 우리 지구만이 늦어지고 뒤떨어진 별인 것이다.

하지만 내가 '이것이 태양계의 참 모습이다'라고 설명을 해도 거의 대부분의 사람들은 믿지 않을 것으로 생각한다.

지금까지 미국과 소련에 의하여 발표되고 우주탐사의 자료에서는 태양계의 혹성들 가운데에서 생물이 살 수 있는 별은 지구뿐이며, 지구 아닌 다른 태양계의 혹성에는 생물은 존재하지 않는다고 보고가 되어 있어서, 이 정보가 절대적으로 신용되고 있는 현실에서는 내 설명을 믿지 않음은 너무도 당연한 일이라고 생각이 된다.

그러나 태양계의 실태는 나의 설명이 사실임을 알아야 한다. 사실은 이런 진상은 비밀리에 행해지고 있는 '음모'로 해서 일반 지구인들에게는 알려져 있지 않은 것이다.

지구인은 '우주의 구조'를 모르고 있다

지구인들은 모르고 있지만 우주에는 우주의 구조가 있으며, 우주를 지배하는 '우주법칙'이 존재한다.

이 우주는 눈에 보이는 물질세계와 눈에는 보이지 않는 비물질의 세계(그 세계는 여러개의 차원으로 구성되어 있기 때문에 나는 이것을 다차원세계(多次元世界)라고 부르기로 한다)가 겹쳐서 구성이 되어 있다.

다차원세계란, 소립자(素粒子) 보다도 훨씬 작은 초미립자(超微粒子)로 구성이 되어 있는 에너지 생명체의 세계로서, 인간의 영혼이 존재하는 세계이다.

그것은 '영적인 에너지의 세계' '정신세계' 또는 '고차원 세계(高次元世界)'라고도 불리워지고 있다.

인간도 물질세계에 속하는 육체와 다차원세계의 영혼체가 겹쳐서 구성이 되어 있다.

내가 말하는 우주법칙이란, 우주를 지배하고 우주를 운영하는 기초가 되어 있는 법칙을 말하며, 인간이 지켜나가지 않으면 안되는 법칙을 말한다.

그들 우주인의 세계에는 전쟁이나 범죄는 없으며, 화폐경제도 존재하지 않는다.

에너지는 우주공간에 무진장으로 존재하고 있는 우주 에너지를 이용하고 있다고 한다. UFO도 이 에너지를 이용하여 비행하고 있다는 이야기이다.

우주 에너지는 다차원세계의 에너지인데, 다차원세계는 물질세계와 겹쳐서 존재하고 있기 때문에 우리들 주위의 공간에도 무진장으로 존재하고 있으나, 지구인들은 그 에너지가 존재하고 있음을 모르고 있는 것이다.

지구인은 우주속에서 살고 있으면서 이와같은 우주의 구조를 모르고, 우주법칙의 존재함을 모르고 살아온 터이다. 이 때문에 지구문명은 뒤떨어지게 된 것이라고 할 수 있다.

지구는 유형(流刑)의 별이었다

태양계의 혹성들 가운데에서 어째서 지구만이 문명이 뒤떨어진 별이 된 것일까?

태양계의 혹성에는 진화된 우주인들이 살고 있고 물욕(物欲)이 없고 타인을 따뜻하게 감싸주는 정신성이 높은 생활을 하고 있지만, 모든 우주인들이 꼭 그런것만은 아니다. 그 가운데에는 물욕이나 지배욕 등 개인의 이기주의를 그대로 지닌 인간도 태어나게 된다.

그러나 정신성이 높은 우주인은 비록 그런 정신성이 낮은 자라고 해도 말살이라는 형태로 그 존재를 배제하거나 하지는 않는다.

진화된 우주인들이 한 것은 자기들의 세계에서 그들을 쫓아낸 것이었다.

그리고 그 추방의 장소로서 선택된 곳이 지구였던 것이었다.

지구가 뽑혀진 이유는 태양계의 별들 가운데 인간이 살 수 있는 환경이 되는 시기가 제일 늦어졌고, 그 무렵 지구에는 아직 인간이 살고 있지 않았기 때문이었다.

이리하여 지구에는 태양계 뿐만아니라 보다 넓은 범위의 다른 별에서 우주의 법칙을 지키지 않는 불량우주인(不良宇宙人)들이 모여지게 된 것이었다.

그뒤, 지구는 사악한 마음을 가진 인간의 추방장소 또는 유형(流刑)의 별로서 태양계의 역사 속에 그 이름이 남게 된 것이었다.

지구인의 조상들은 그와같은 정신성이 낮은 수준인 우주인이었던 것이었다.

이상이 태양계의 별 가운데에서 유독 지구만이 진화가 늦어진 이유이다.

뒤떨어진 지구인에게도 '원조의 손길'은 계속 뻗혀져 있었다

태양계의 진화된 우주인은 자기들의 세계에 해독을 끼치는 이른바 '썩은 계란'을 지구에 추방하고 나 몰라라하고 있었던 것은 결코 아니었다. 동포의식에서 우주의 구조나 우주법칙의 존재함을 가르쳐 주려고 지금까지도 열심히 '구조의 손길'을 뻗쳐 왔었다.

이를테면 그것은 '위대한 종교가' '후세에도 이름을 남긴 예언자(予言者)' '불세출(不世出)의 과학자'라는 형태로 지구인들 앞에 그 모습을 나타내온 것이었다.

실제로 이름을 든다면, 예수 그리스도, 석가 마호멧드, 노스트라다무스, 에드가, 케이시, 가리레오 가리레이, 아인슈타인, 그리고 나같은 사람이 그 좋은 예가 아닌가 한다.

이러한 사람들은 우주인의 영혼을 가진 지구인으로서, 종교에 의하여 지구인의 정신성을 높혀주거나 예언에 의하여 지구인에게 경고를 하거나 과학에 의하여 문명을 비약적으로 발전시키는 것에 의하여 지구인들을 계몽하여 구원의 손길을 뻗혔던 것이라고 할 수가 있다.

이 밖에도 우주인 자신이 스스로 UFO를 타고 직접 지구에 찾아와서 특성한 지구인을 골라서 멧세지를 전달하여 계몽하는 것과 같은 활동도 해온 게 사실이었다.

지구인의 진화를 방해하는 거대 세력

태양계의 모든 별에는 물과 공기가 있으며, 지구와 똑같은 좋은 환경이어서 진화된 우주인들이 살고 있다고 말해도 좀처럼 믿어지지 않으리라고 생각을 하는데, 이것은 앞서 이야기한 바와 같이 지구 규모로 음폐공작의 '음모'가 행해져 왔기 때문인 것이다. 그리고 그 음모는 지금도 계속되고 있는게 사실이다.

세계경제와 세계정치를 움직이고 있는 것은 '고급 후리메이슨'과 '유다야 신디케이트'라고 불리우는 거대 세력, 곧 '그늘의 세계정부'이며 이것은 이미 공개적인 비밀에 속하는 이야기이기도 하다.

태양계의 참모습을 감추려는 이 음모는 이 '그늘의 세계정부'가 미국과 소련 두 나라를 조절하여 세계적으로 행해지고 있는 음모임을 알아야 한다.

'그늘의 세계정부'는 '지구 외의 태양계의 혹성에는 지구인보다 고도로 진화된 우주인들이 살고 있다'라는 진상을 잘 안 뒤에 이 정보가 일반에게 새어나가지 않도록 미국과 소련에게 명령하여 태양계의 진상을 감추는 것과 UFO 우주인이 엉터리라고 선전을 하고 있음을 알아야 한다.

지구인이 태양계의 진상이 어떻다는 사실을 알게 되면, 한때는 큰 충격을 받을지 모르지만 결국은 머지않아 지구도 우주문명사회의 실현을 향하여 움직여나갈게 분명한 일이다.

이것은 지구의 사회체제(社會體制)와 경제기구의 붕괴를 의미한다.

그렇게 되면 '그늘의 세계정부'에 의한 지구 지배의 구도가 무너지게 된다.

'그늘의 세계정부'는 이와같이 될까봐 두려워하여 지구 규모로 필사적으로 음폐 공작을 행하고 있는 것이다.

다차원세계(多次元世界)를 무시한게 그 원인이다

뒤떨어진 지구인은 현재까지 여러가지로 원조의 손길이 뻗혀왔으나, 지구인은 우주인이 기대한것 만큼은 진화되지 않은게 사실이다.

다시 말하면, 지구인들은 이 우주가 눈에 보이는 물질세계와 눈에는 보이지 않는 다차원세계(多次元世界)가 겹쳐진 이중구조로 되어 있다는 우주의 구조를 모르고 있고, 또 이 우주에는 우리가 지키지 않으면 안되는 우주의 법칙(1. 인과응보, 2. 공존공영, 3. 불간섭의 원칙)이 있음을 알지 못하여 우주법칙을 어기고 살아온 터였다.

지구인들은 물질세계가 전부라고 굳게 믿고, 과학은 오직 물질세계만을 대상으로 하여 다차원세계의 존재를 무시해온게 사실이다. '다차원세계'에는 무진장한 깨끗한 우주 에너지가 존재하고 있지만 지구인들은 그것이 존재함을 모르고 있다는 이야기이다.

그 결과, 지구의 물질문명은 환경오염과 에너지 문제를 일으켜서 드디어 막다른 골목에 접어들고만 것이라고 할 수가 있다.

우주인에게는 지구인의 미래가 보인다

태양계의 진화된 우주인들은 영격이 높고, 영혼체가 발달이 되어 있다. 영혼체가 발달이 되면 초능력 인간이 되어서 예지 능력도 생기게 된다.

진화된 우주인은 여러가지 초능력을 갖고 있어서 지구인에 대하여 예정되어져 있는 '미래의 프로그램'을 알 수 있기 때문에 지구인에 대하여 '지구의 위기가 다가오고 있음을 경고하고 무지하고 뒤떨어진 지구인들을 계몽하기 위하여 자주 지구를 찾아오고 있는 것이다.

현재의 지구문명의 문제점을 타개하는 대책의 하나는 석유나 석탄과 같은 화석연료나 원자력을 이용하는 대신에 깨끗하고 값싼 에너지의 개발인데, 진화된 우주인은 그 대답도 열심히 가르쳐 주고 있는 것이다.

이것은 이미 이야기한 우리들 주변의 공간에 무진장하게 존재하는 우주 에너지이다.

이와같이 진화된 우주인들은 지구대파국을 피할 수 있는 대책도 가르쳐 주고 있는 것이다.

"우리들 지구인과 지구의 미래는 이미 결정되어 있다."

갑자기 이런 말을 해도 얼른 믿기가 어려울 것으로 생각이 된다. 이하에 소개하는 연표를 한번 읽어주기 바란다.

△1991년

우리들 주변 공간에 무진장하게 존재하는 우주에너지의 존재가 인식된다.

△1992년 5월

일본의 관동지방에 거대 지진(M. 8.5정도)이 일어난다.

△1992년~

세계적으로 이상기상이 심해진다

△1993년

미국은 음폐했던 우주인 정보를 공표한다.

△1993~1994년

세계 각지의 화산(火山)이 폭발한다.

△1994년

우주인들이 당당하게 그 모습을 나타낸다.

△1994년~1995년

한냉(寒冷)에 의한 세계적인 식량위기가 찾아든다.

△1997년

우주에너지 발전기가 실용화 된다.

△1997년~2000년

제3차 세계대전이 일어나서 이것이 세계 최종전쟁으로 발전한다.

△1998년

휴거 현상이 일어난다.

휴거란, 우주연합의 우주인들이 핵(核)의 폭발에 따르는 세계대전, 극이동(極移動) 때문에 인간이 살 수 없게 된 지구에서 일부의 선택된 지구인을 UFO로 구조하여 한때 다른 천체로 피난시키는 것을 말한다. 이때 인간의 몸은 일시적으로 미니 싸이즈로 축소가 된다. 그렇지 않고서는 수많은 지구인들을 UFO에 수용할 수가 없기 때문이다.

전쟁에 있어서 핵이 쓰여진다.

로마 법왕청이 없어진다.

극이동(極移動)이 일어난다. 이것은 태양계에 커다란 혹성이 진입해 들어오기 때문에 태양계의 혹성의 궤도에 영향이 생기기 때문이다.

△1999년

세계적인 대홍수와 낮은 지대에 침수가 된다.

이상의 연속된 세기말(世紀末)의 대파국 결과 지구인의 3분의 2 이상이 죽게 된다.

△2001년

지구의 지각변동이 계속되어 아트란티스 대륙이 떠오른다.

△2005년

과거에 태평양에 침몰된 무우 대륙이 떠오른다.

부사산(富士山)이 대폭발을 일으킨다.

△2006년

휴거에 의하여 한때 피난했던 사람들이 되돌아 온다.

우주문명세계, 이른바 축복 1000년의 낙원세계의 건설이 시작된다.

한국을 중심으로 세계연방이 이루어진다.

△2010년

지구인이 개발한 UFO로 우주여행이 가능해진다.

△2036년

지복(至福) 1000년의 낙원세계가 완성된다.

이상이 지금까지의 많은 예언자들의 이야기를 정리한 지구의 세기말대파국(世紀末大破局)과 재생에 대한 계획서이다.

그러나 나는 이 계획도 우리들이 하기에 따라서는 얼마든지 수정이 가능하다고 생각을 한다. 이를테면 공해로 인한 대량의 죽음이 미리 일어나서 '옴 진동수'가 널리 보급이 되면 사태는 아주 달라질 것으로 생각이 된다.

이들 예언에는 '옴 진동수'의 등장은 나타나 있지 않고 따라서 '옴 진동수'가 대량으로 보급될 경우, 일어날 일들에 대한 예측은 없는게 사실이다.

만일에 '옴 진동수'가 세계적인 규모로 알려지게 되면, 한국은 '옴 진동수' 생산국으로서 널리 알려지게 되고, 이것이 원인이 되어 나의 사상은 세계를 휩쓸 것으로 생각이 된다.

사람들이 모두 깨닫게 되면 세계 3차대전은 일어나지 않을 것이고, 지각변동도 일어나지 않은채 똑바로 세계연방이 성립되는 길이 열릴 것으로 생각이 된다.

지금 적은 예정표가 하나님의 나타난 계획서라면 '옴 진동수' 보급에 의한 급속한 의식혁명은 하나님의 숨겨진 계획이라고 할 수 있을 줄 안다.

나는 어디까지나 필요한 때가 되기 까지는 숨어서 일하는 사람일 뿐, 결코 드러난 인간은 될 수가 없기 때문이다.

'하나님의 프로그램'에 의하여 지구와 지구인의 미래는 명확하게 규정이 되어 있는 것 같지만, 나는 반드시 그렇지만은 않다고 생각한다.

문제는 많은 사람들의 의식혁명이 이루어져서, 이 우주를 지배하는 세가지 큰 법칙

1. 인과응보

2. 공존공영의 법칙

3. 불간섭의 법칙

을 깨닫고 그 실천에 애쓴다면 제3차 세계대전도 일어나지 않는 것이고, 극이동도 생기지 않으며 따라서 우주인들이 나타나서 휴거를 하는 일도 없으리라고 생각한다.

휴거란 어쩔 수 없이 지구인이 전멸하게 되었을 경우에나 일어날 수 있는 일이기 때문이다. 왜냐하면 진보된 우주인들은 불간섭의 법칙을 누구보다도 잘 알고 지키고 있기 때문이다.

내가 아는 한 지구인의 운명은 지구인 스스로의 힘으로 해결해야 하는것이 옳은 것이지 난데없는 우주인의 도움으로 우리의 미래를 개척할 수는 없는 일이기 때문이다.

사람들의 마음이 안정이 되고, 모두가 우주의식에 눈뜨게 된다면 지구 규모의 기상이변이나 지각변동은 일어나지 않을 것으로 생각한다.

우주인이 공개적으로 나타날 수 있는것은 우리 지구인들이 스스로의 힘으로 모든 위기를 극복하여 세계연방을 이룩하여 지구인의 의식수준이 우주인과 같은 수준에 이르렀을 때라고 생각한다.

노스트라다무스도 이야기한 바가 있다.

우리들 미래의 자손들 가운데 별개의 존재가 나타나서 그들의 손에 의하여 또다른 왕국이 세워질 때, 나의 예언은 하나도 맞지를 않으리라고 하지를 않았던가?

'옴 진동수' 가족들이 전세계에 퍼지고 한국이 사람들이 마시는 생명수인 '옴 진동수' 생산국이 될 때, 남북은 통일이 되고, 중국과 한국을 중심으로 우선 아세아연방이 성립이 될 것이고 이것이 모체가 되어서 세계연방은 성립이 될 것이다.

그렇게 되면 앞서 든 예정표는 크게 수정이 될 수밖에 없다고 생각한다.

예수는 이미 그 목적을 달성했으며 그의 재림은 결코 없으리라고 나는 생각한다.

또 설사 있다고 해도 그것은 예수 그리스도의 사랑의 정신을 가진 사람들이 수없이 나타난다는 뜻이지 2000년 전에 죽은 나사레 예수의 육신의 부활은 결코 일어나지 않을 것으로 생각을 한다. 우리에게 필요한 것은 의식혁명을 일으켜서 스스로 구하는 일이지, 공중에 예수가 재림하는 것을 기다려서는 안된다고 나는 생각한다.

여기서 지금까지 해온 이야기를 다시 정리를 해보기로 한다.

이 우주의 구조는 눈에 보이는 세계와 눈에 보이지 않는 다차원세계가 겹쳐 있다. 가까운 예가 우리 인간들도 눈에 보이지 않는 영혼과 눈에 보이는 육체가 겹쳐 있어서 조화를 이루는 가운데 살아가고 있다. 우리의 태양계도 알고보면 작은 원자를 확대해 놓은 형태이다. 모든 것은 음양으로 되어 있다. 남자와 여자가 있어서 한데 조화를 이루듯이 태양은 우리가 지금까지 생각해온 것과 같은 타오르는 불덩어리는 아니며 뜨거운 별도 아니다.

태양에서 방사되는 양극선(陽極線)이 지구에서 방사되는 음극선(陰極線)과 대기권 바깥에서 충돌할 때 비로소 열이 발생한다. 태양에서 방사되는 양극선은 그 자체는 열선(熱線)이 아니고 우주공간을 건너올 때는 전혀 열이 없다.

따라서 태양에서 먼 해왕성(海王星)의 경우에도 태양의 양극선은 해왕성에서 방사되는 음극선과 그 대기권 바깥에서 만날 때, 비로소 열을 발생하는 이치는 지구의 경우와 같기 때문에 태양에서 멀리 떨어져 있는 혹성이라고 해서 태양열이 전달이 안되어서 혹한의 별이라는 것은 잘못된 생각이다.

이 이론을 받아들인다면 지구 아닌 태양계의 다른 혹성에도 우주인이 살고 있는 문명세계가 존재한다는 것을 쉽게 믿을 수 있으리라고 생각한다.

일본인들은 자기네들이 앞으로 세계의 중심이 되어서 세계연방을 성립시킨다고 이야기했는데 그것이 잘못된 이유를 밝혀보면 다음과 같다.

우리 인류는 앞으로 핵전쟁을 일으키지는 않는다. 여지껏은 미국과 소련이 서로 전쟁을 일으킬 것으로 가상을 해서 제3차 세계대전이 일어난다고 했는데, 이미 이 땅 위에는 과거의 공산주의 국가였던 소련은 존재하지 않는다.

그들은 자기가 살아가기도 바쁜데 전쟁을 일으킬 힘도 없다. 이렇게 된 이유는 내가 몇년 전 에로힘과의 전쟁에서(주:업장소멸(2) 참조) 그들을 멸망시켰기에 공산주의자들을 배후에 최면조종하던 세력이 없어져서 공산주의가 급속히 와해되게 된것임을 알아야 한다.

따라서 핵전쟁이 일어나서 세계가 멸망하게 되어 대규모의 기상변화가 일어난다든가, 우주인에 의한 휴거 현상이 일어난다는 시나리오는 폐기된게 사실이다.

앞으로 남은 것은 에이즈에 의한 멸망과 공해물질의 다량축적에 의한 대량의 죽음이 예상되는데, 이 두가지는 내가 이미 해결방법을 세워놓고 있으니 문제가 없다고 생각한다.

공해물질의 체내 축적을 효과적으로 막는 방법은 현재로서는 '옴 진동수' 복용 외는 다른 방법이 없다.

한국은 생명수인 '옴 진동수' 생산국이 될 것이기에 또 나의 사상이 이로 말미암아 급격하게 세계에 퍼지게 될 것이기에 결국은 아세아 연방은 한국과 북한과 중공이 주체가 될 것이기에 한국이 새로운 4차원 문명의 발상지가 될 것이라는 이야기이다.

2. 태양계의 진실을 숨기는 대음모

아폴로 11호는 태양계의 정보를 감추는게 그 목적이었다

아폴로 11호가 달 표면의 착륙에 성공한 1969년 7월 21일은 우리네 인류에게 있어서 영원히 기억되어야 할 날이라고 생각한다.

왜냐하면 이 날을 경계 삼아서, 우리들이 태양계의 참된 모습을 알 수·있는 기회는 가속도가 붙어갔기 때문이다.

그런데 재미있는 것은 그 '진실'은 아폴로 계획이 진행되는 과정에서 〈태양계란 이런 세계이다〉라고 공식적으로 밝혀진 정보에서가 아니라 그와는 정반대로 아폴로 계획을 이용하여 태양계의 참모습을 감추려고 하는 행위 속에서 노출이 되게 되었다는 사실이다. 이로 말미암아 지구 위에서 태양계의 참된 모습을 알고 있는 사람들은 불과 몇 사람에 지나지 않는 것이다.

아폴로 계획이 발표된 것은 1961년이었다.

계획의 발안자(發案者)는 당시의 대통령이었던 죤. F. 케네디였다. 케네디 대통령은 인류가 처음으로 달 표면에 발자국을 남기게 된 아폴로 11호의 성공을 보지도 못하고 세상을 떠났지만 '그 암살의 배후에는 태양계의 참된 모습과 우주인의 존재를 우리네 대중의 눈에서 감추어 버리려는 그늘의 세력의 음모가 있었다' 하면 독자 여러분들은 크게 놀라리라고 생각한다.

이 음모의 목적을 알기 위한 열쇠는 케네디가 죽은 뒤의 아폴로 계획이 당초의 목적과는 완전히 다른 커다란 기만 위에 세워져 추진

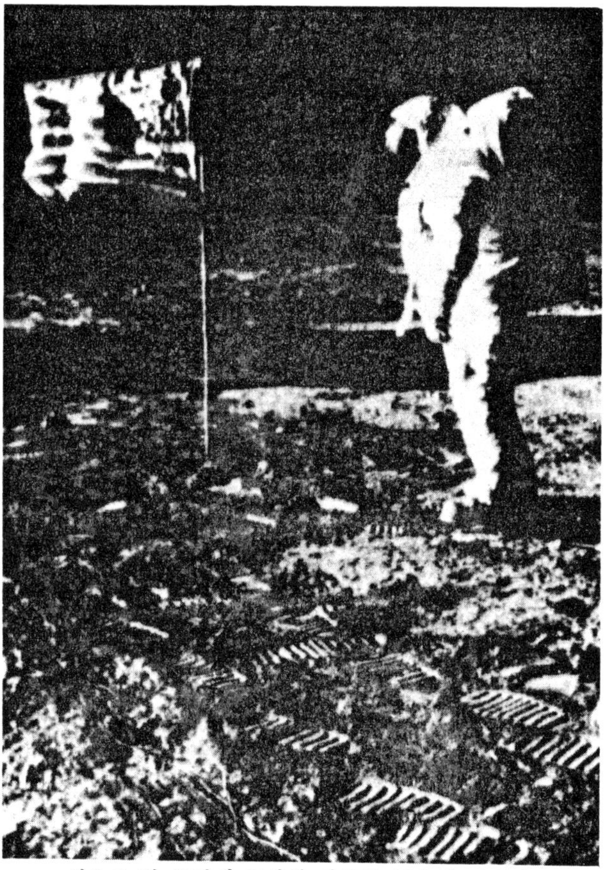

최초로 달 표면에 도착한 아폴로 11호의 비행사.
깃발이 펄럭이고 있는 것으로 미루어 공기가 있음
을 알 수 있다.

되었다는 사실 속에 있다.

아폴로 계획의 기만행위란, 태양계의 진상을 알리지 않는 것을 목적으로 한 잘못된 정보에 의한 대중을 조종한 일을 뜻함이다.

나는 아폴로 우주선이 우리들에게 고의(故意)로 흘린 그릇된 정보의 알맹이를 백일하에 폭로함과 동시에 그 뒤에 숨겨진 '올바른 정보'를 독자들 여러분 앞에 밝히고자 한다. 이 '올바른 정보'를 알게 되면 태양계에 살고 있는 우주인의 존재가 독자들 눈에도 분명히 보여짐과 동시에 음모의 목적이 무엇이었는가도 자연히 이해가 될것으로 생각이 된다.

아폴로 계획과 진실 음폐 공작

아폴로 우주선, 나아가서는 아폴로 계획 자체가 우리들의 눈을 가리려고 한것은 '달과 태양계의 혹성은 생물이 생존할 수 있는 환경을 갖추고 있다'는 사실이다.

그 음폐공작은 이를테면 다음과 같은 형태로 이루어졌다.

① 불모(不毛)의 착륙지점

NASA(항공우주국)에서는 아폴로 우주선을 쏘아올리기 전에 무인탐사기(無人探査機)에 의하여 달의 거의 전지역에 걸친 고해상도사진(高解像度寫眞)을 찍은바 있었다.

그 사진에서 밝혀진 것은 달에 사는 생물, 즉 우주인의 존재였다. 왜냐하면 사진에는 UFO의 발진기지(發進基地)라든가 우주인의 주거 등이 분명히 찍혀져 있었기 때문이었다.

이 밖에 황량한 사막과 불모(不毛)의 고원(高原)이 어디 있다는 것도 이 사진에 의하여 정확히 파악할 수가 있었던 것이었다. 아폴로 우주선에서 보내진 화면에서 우리들에게 보여준 것은 이 후자편이었다.

착륙지점은 애당초부터 달의 '불모의 지역'으로 정해져 있어서, 그로 말미암아 우리들에게 '달세계는 공기도 물도 없는 곳이어서 따라서 생물 따위는 존재하지 않는다'고 믿게 하였던 것이었다.

당시의 대중의 반응은 '역시 그랬었구나' 하는게 거의 대부분이었으니까, 이 계산은 일단은 성공한 것이라고 보아야 할 것이다.

② 우주비행사에 대한 사전교육

우주비행사에게는 사전에 달의 진상을 가르쳐주고, 공기와 물이나 생물의 존재를 알리지 않도록 엄중하게 주의를 주었다.

또한 만일 UFO와 만나던가, 달에서 이성문화(異星文化)를 보더라도 절대로 입밖에 내지 않도록 맹세하게 하였다.

아폴로의 우주비행사는 에리트에 속하는 군인이었으니까 이를테면 '방위상의 비밀'이라던가, '나라의 이익'이라는 말을 쓰면 순수하게 복종했으리라는 것은 상상하기 어렵지 않은 일이다.

③ 검열을 끝낸 TV 중계

알다시피, 아폴로 우주선의 월면착륙은 TV에 의한 전세계 방송을 하기로 되어 있었다. 따라서 미국 정부와 NASA에서는 이성문화가 조금이라도 방영이 되지 않도록 최대한의 노력을 기울였다.

이 노력의 가장 규모가 큰 것이 '비밀의 검열용 관제 센터'를 만든 일이다.

이성문화는 어떤 장소에 들어가지만 않으면 화면에 나올 염려가 없지만, UFO의 경우는 비행하는 시간과 비행하는 지역을 미리 안다는 것은 불가능한 일이었다. 이때문에 UFO의 모습이 카메라에 잡힐 가능성은 충분히 생각할 수 있는 일이었다.

그리하여 휴스턴의 관제센터와는 별도로 검열용 관제센터를 만들어서 공식적으로 방영되면 거북한 그림은 미리 첵크하여 그것을 잘라버리고 몇초 늦게 방영을 했던 것이었다. 캇트한 부분은 화면이 좋지않은 것으로 처리가 되었기에 일반 대중들은 이를 의심하는 이는 없었던 것이었다.

④ 우주비행사와 관제센터와의 대화

우주비행사와 관제센터와의 통신 회선은 두개가 준비가 되어 있었다. 하나는 누구에게 들려줘도 괜찮은 보통 회선이고, 또하나는 비밀의 이야기를 나눌 때 썼던 것이었다. 물론 그 대화는 도청될 경우를 생각해서 암호로 이루어졌던 것이었다.

⑤ NASA의 상급직원은 알고 있었다

일반 직원에는 진상은 알려지지 않았지만 상급직원에는 달의 진상이 알려져서 음폐 공작도 지시되었다.

세계의 사람들을 깜쪽같이 속인 큰 규모의 음폐 공작은 이렇게 행해졌지만, 그것은 미국정부의 뜻도 아니었고 더구나 NASA의 뜻도 아니었다. 정부와 NASA를 뒤에서 조종한 것은 '고급 후리메이슨'과 '국제 유다야 신디케이트'라고 불리워지는 '보이지 않는 그늘의 세계정부'였다.

어쨌든 그들은 지구 규모로 달의 참모습을 감추는데 우선은 성공을 하기는 했으나 결국은 차차 그것이 거짓임이 탄로나게 되었던 것이었다.

NASA도 끝내 감추지 못했던 달의 진상

달은 지구에서 38만킬로 거리에 있는 지구에서 가장 가까운 별이다.

"달은 더 이상 신비스러운 별은 아니다"

이것이 아폴로 계획 이후 우리들 사이에 이루어진 아주 일반적인 인식이라고 생각이 된다.

인류가 달 표면에 내려서서 실제로 조사를 한 아폴로 계획의 성과에 외하여 '달의 실상은 우리들 지구인 앞에 있는 그대로 알려졌다'고 되어 있으므로 그렇게 믿는 것은 당연한 일이라고 생각이 된다.

그러나 우리들에게 알려진 것은 '달에는 생물 따위는 일체 존재하지 않는다'고 믿게 하기 위한 대중 조작용인 가짜 정보였던 것이었다. 그렇다면 달의 진상이란 도대체 어떤 것이었을까?

그것은 그들 자신의 음폐공작에 의해서도 끝내 숨길 수 없었던 정보의 단편속에 뚜렷하게 나타나 있다. 그리고 그런 정보가 그 이전부터 우리들이 알고 있는 정보화를 구체적으로 소개하면서 달의 진상을 덮고 있는 베일을 하나씩 벗겨나가기로 한다.

베일① '달에는 공기도 물도 존재한다'

달은 지구보다는 기압은 낮지만 대기는 분명히 존재한다. 달에 대기가 존재한다고 하는 증거는 이를테면 지구로부터의 천체망원경에 의한 관측에서 아지랑이나 구름 같은 것의 발생을 많은 관측자들에 의하여 확인이 되고 있다.

이밖에도 비슷한 사례는 얼마든지 있다.

허나 무엇보다도 그 결정적인 증거라는 의미에서는 아폴로14호가 달에서 보내온 영상 속에 있는 장면을 들 수가 있다.

아폴로14호의 우주비행사가 달 위에서 활동하던 중, 우주비행사들 가운데 한사람이 달 표면에 미국 국기를 꽂은 것을 기억하고 있는 분들이 있으리라고 생각한다. '사건'은 비행사가 그 곳을 두어서너 걸음 떨어진 곳으로 옮긴 직후에 일어났다.

성조기가 앞뒤로 상당한 시간 펄럭인 것이었다. 물론 그때 아무도 깃발을 건드린 사람은 없었다.

또한 주목해야 할것은 깃발이 펄럭인 순간, 두사람의 우주비행사가 당황하여 TV 카메라의 렌즈를 가리려고 한 사실이다.

어째서 그들은 그런 행동을 한 것일까?

이유는 명확하다. 깃발이 펄럭인다는 것은 달에 공기가 존재한다는 증거가 되기 때문이다. 그들은 이 사실을 TV를 보고 있는 우리들의 눈에서 감추려고 했던 것이었다. 그러나 검열관제 센터에서 실수를 했던듯 이 장면은 전세계에 방영되고 말았다.

우주비행사에 의하여 밝혀진 '달에 대기가 존재한다'는 증거는 이것에 그치지 않는다.

"달 표면에 섰을 때, 아주 뚜렷하게 별을 볼 수가 있었다."

이것은 아폴로5호의 우주비행사 검 아뷘이 1984년 5월 6일에 켈리포니아주 윌낫드크리크에서 행한 강연 속에서 한 말이다.

'하늘에 총총히 별이 박혀있다'고 말하듯이 밤이 되면 지구로부터는 밤하늘에 빛나는 별들을 볼 수가 있다. 그리고 이것은 지구에 충분한 대기가 있기 때문에 가능한 것이다. 그것이 좋은 증거라는 것은 대기가 존재하지 않는 우주공간에 나가면 그곳은 암흑의 세계여서 별은 전혀 볼 수가 없다고 한다. 인간의 눈에서 별의 모습을 안보이게 하는 '암흑의 세계'에 대해서는 수많은 우주비행사들이 보고를 하고 있다. 그럼에도 불구하고 아뷘은 '달 표면에서 별빛이 보였다'고 분명히 말하고 있는 것이다. 이것은 다름아닌 달에는 충분한 대기가 존재하고 있다는 증거인 것이다.

또한 NASA가 찍은 방대한 분량의 달의 사진에서 달에 구름이 존재한다는 사실을 많은 연구자들이 지적하고 있는 사실도 빠뜨릴 수가 없다. 달에 구름이 있다는 것은 곧 대기 뿐만 아니라 물이 존재한다는 이야기이기도 한것이다. 재확인하는 뜻에서 좀 더 알기 쉬운 사실을 예로 들어보기로 한다.

"아폴로14호는 달 표면에서 열두시간에 걸쳐서 수증기를 검출했다."

이것은 당시의 신문보도였었다. 수증기의 존재가 물의 존재함을 뜻한다는 것은 새삼스럽게 강조하지 않아도 될것으로 생각한다.

베일② '달에는 수많은 인공적 구조물들이 존재한다'

다음에 소개하는 것은 아폴로16호의 월착륙선 오리온이 달 표면에 착륙했을 때의 양 비행사와 휴스턴기지와의 교신기록이다.

양 : "지금 스톤산을 보고 있다. 그 산허리는 지금까지 누군가가 경작을 한것만 같다. 산허리에 걸쳐서 테라스가 연달아 있는 것 같다. 주위의 등고선에 따라서 같은 모양을 하고 있다."

휴스턴 : "각 테라스에 차이가 있는가?"

양 : "아니 없다. 이곳은 부드러운 곳이다. 여기는 공기가 있든 없든 산의 경치는 아름답다. 그리고 저 도옴의 무리가 믿기 어려울 정도로 멋지다."

휴스턴 : "알았다. 그 지역을 잘 관찰해 주기 바란다."

양 : "도옴이 떼지어 있는 건너편에는 건물들이 협곡 쪽으로 뻗어 있고 정상을 향하여 서 있는 것도 있다. 협곡의 북동쪽의 벽은 윤곽이 보이지 않는다. 북동쪽으로 턴널이 여러개 있고 북쪽으로 향하여 그 턴널은 약 30도 동쪽으로 굽혀져 있는 것 같다."

양 : 비행사와 휴스턴 기지와의 교신된 이 이야기 속에는 '테라스'니 '도옴'이니 하는 말이 등장한다. 비유로서 쓴 말은 아닌 것 같다. 그렇다면 추측할 수 있는 것은 단 하나, '양 비행사는 달 표면에 인공으로 만든 건물과 같은 것이 있는것을 찾아낸 것이 아닌가'하는 사실이다.

양 뿐만 아니라 아폴로 비행선으로 달 탐사를 행한 우주비행사들 가운데에는 달 표면에 있는 인공구축물을 목격하고 있는 사람들이 적지 않다. 그러나 함구령때문에 그들은 공표만 하지 않았을 뿐이다.

보오만을 선장으로 하는 아폴로8호는 1968년 12월 21일 NASA의 공식발표를 믿는다면 '그뒤 달로 쏘아올리는 비행선의 착륙지점을 조사하기 위한 목적'으로 지구에서 떠났다.

아폴로8호는 순조롭게 궤도에 올라서 전파가 도달하지 않는 달 뒷쪽으로 들어갔다.

"산타크로스는 실재(實在)했다."

아폴로8호가 지구와의 교신(交信)이 가능해지는 달 표면에 나왔을 때 보오만 선장이 말한 첫마디가 이 말이었다.

이 '산타크로스'가 무엇을 의미하는지는 오랫동안 알 수 없었는데 최근에 그 수수께끼가 다른 우주비행사의 입에서 공표가 되었던 것이었다.

발언한 사람은 아폴로 15호의 아아뷘.

그는 TV와의 인터뷰에서 '산타크로스는 UFO나 우주인의 기지를 뜻한다'고 분명히 밝혔던 것이었다.

즉 보오만 선장은,

'달의 뒷쪽에 우주인 기지는 실재했다'고 보고했다는 이야기이다.

여기서 '발견했다'가 아니고 '실재했다'고 말한 보오만 선장의 표현 방식에 주목하기 바란다.

결론을 말한다면, 그는 착륙지점을 조사하는 가운데 우주인의 기지를 '우연히' 찾아낸 것이 아니고 '있을게 분명하다'는 전제 아래 그 존재를 확인하기 위하여 달에 파견이 되었다는 이야기이다.

요컨데 NASA는 달에 우주인의 기지가 존재한다는 사실을 미리 알고 있었다는 이야기인데, 우주개발 초기로부터의 달에 대한 정보 수집 활동의 규모의 크기를 생각한다면 비록 그랬었다고 해도 하나도 이상할게 없다고 생각한다.

베일③ '달에서는 우주복 없이도 살 수가 있다'

베일①에서 여러가지 증거를 들어서 증명한 것과 같이 달에는 분명히 공기가 존재한다. 그렇다면 어느 정도의 공기인 것일까?

NASA에서는 대기가 존재한다는것 자체를 부인하고 있으니까 누군가가 진상을 폭로해주지 않는한 음폐되고 있는 실측(實測) 데이타는 나올 수 없다.

그래서 다음에는 외계인(外界人)들과 접촉한 것으로 세계에서 가장 이름있는 죠오지 아담스키이가 우주인으로 들었다는 이야기를 소개하여 볼까 한다.

아마도 이것은 달의 대기에 관한 유일한 자료라고 생각이 된다.

'달의 기압은 상당히 낮아서 6psi(=414 미리발)이라고 말하고 있습니다. 따라서 달 표면에서 쾌적한 상태가 되려면 인간의 폐활량을 9psi(=621 미리발) 감소시키지 않으면 안됩니다.

그러려면 열두시간에서 24시간이 걸립니다만, 시간은 사람에 따라서 틀리다고 합니다.'

아담스키이는 우주인에게서 들은 달의 기압에 대하여 이렇게 이야기하고 있다.

달의 기압은 지구의 기압의 반 이하여서 상당히 낮지만, 반나절 내지 하루에 걸쳐서 잠수부가 바다 속에 잠수할 때 하듯이 기압조절을 하게 되면 지구인도 우주복 없이도 달 표면에서 살 수가 있다는 이야기이다.

이것은 나의 짐작이지만 달은 기압은 낮지만 산소분압(酸素分壓)은 상당히 높은게 아닌가 생각이 된다.

여기서 달의 중력에 대해서도 한마디 하고자 한다. 왜냐하면 공식으로 발표된 중력에 관한 자료도 거짓일 가능성이 높기 때문이다.

"달의 중력은 지구의 6분의 1"

이것은 국민학생도 알고 있는 '상식'이다. 그러나 만일 그것이 사실이라면 달 표면에서의 우주비행사는 깡충깡충 뛰듯이 가볍게 움직일 수가 있었을게다.

그러나 기억하고 계신 분들도 많으리라고 생각하는데, 아폴로 우주선에서 달 표면에 내렸을 때의 비행사들의 동작은 그렇게 경쾌한 것과는 먼 것이었다.

실제로 미국의 공학자(工學者)인·윌리엄 브라이언 같은 사람은 NASA의 자료와 보고서를 철저하게 분석하여,

'달의 중력은 지구의 약 64%'

라는 계산결과를 발표한 바가 있다. 또한 이 커다란 중력은 달의 내부에 원인이 있다고 생각이 되고 있다.

'베일 ①②③'에서 이야기한 바와 같이 달에는 생명체가 충분히 존재할 수 있을 만한 환경이 갖추어져 있으며, 이것은 화성, 금성, 해왕성의 경우도 마찬가지인 것이다.

그래서 앞으로 달에서 한것과 같이 구체적인 '증거'를 들어서 이런 별의 진상(眞相)을 가리고 있는 베일을 차례로 벗겨가기로 한다.

바이킹 1호의 성공으로 무덤을 판 화성의 진상 감추기 작전

미국에서 처음으로 화성 착륙에 성공한 우주선은 바이킹 1호 1976년 7월 20일의 일이었다.

바이킹 1호가 가져온 조사결과는 NASA, 백악관, 심지어는 '그늘의 세계정부'에게 있어서 난처한 것 뿐이었다. 그래서 당황한 그들은 이것을 어떻게든 감추려고 했는데 오히려 무덤을 파는 결과를 가져왔던 것이었다.

베일① '화성에는 충분한 대기가 존재한다'

바이킹 1호인 화성착륙선(火星着陸船)은 543킬로. 이것을 가볍게

착륙시키기 위하여 낙하산이 사용되었다.

다행스럽게도 낙하산은 예정대로 열려서 착륙선은 무사히 착륙을 했다. 그런데 재미있는 것은 이것을 무덤을 파는 단서가 되었던 것이었다.

'화성의 대기압은 4~7 미리발'

NASA는 이렇게 발표를 하고 있다.

만일 이것이 틀림이 없다면 낙하산이 열린 수킬로 상공의 대기압은 1미리발 이하라는 이야기가 된다. 낙하산은 대기가 없으면 열려서 팽창하지를 않는다. 1미리발 이하의 대기압 속에서 도대체 어떻게 하여 낙하산을 열게 할 수 있었던지 마치 마술과 같은 이야기이다. 허나 이렇게 생각하면 어떨까?

"화성의 대기압은 NASA가 발표한 것과 같은 낮은 것이 아니고 지구와 손색없을 만한 충분한 대기압이 존재한다"

그리고 낙하산이 열린 것이 이 사실을 분명히 증명하고 있는게 아닐까?

무덤의 두번째는 바이킹 1호에서 보내진 화성표면의 천연색 사진이다.

그 사진은 지구와 똑같은 푸른 하늘과 흙빛과 잿빛인 지표가 찍혀져 있는 멋진 사진이었다. 이렇게 쓰면 누구나 '이것 이상하구나' 하고 고개를 갸웃둥할 것으로 생각한다. '하늘이 파랗게 보인다'는 것은 화성에도 지구와 같은 정도의 대기가 있다는 이야기가 되기 때문이다. 그러나 NASA의 발표에 의하면 7미리발의 대기압밖에 없는게 된다.

7미리발이라고 하면 지구의 경우, 성층권의 기압에 해당이 된다.

그러면 성층권에서 사진을 찍으면 어떻게 되는가, 하늘은 까만 상태로밖에 찍히지 않는 것이다. '화성의 대기압이 7미리발'이 사실이라면 하늘은 까맣게 찍혔어야 한다. 그런데 바이킹에서 본 하늘은 '파랗게' 찍혔던 것이었다.

화성의 대기 상태가 어떻다는 것은 새삼스럽게 이야기할 필요도 없다고 생각한다.

베일② '화성에는 생물이 있다'

화성에 착륙한 탐사기는 단순히 사진만 찍어보낸 것이 아니라

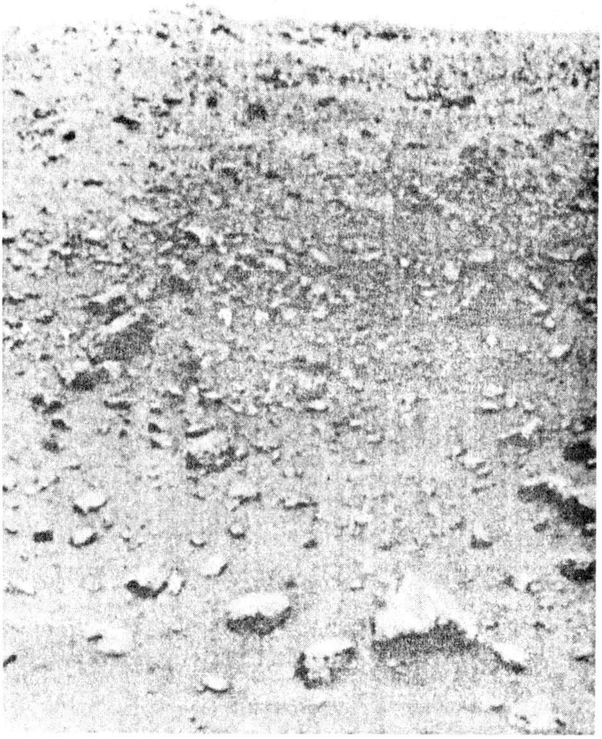

1976년 7월 25일 바이킹 1호가 보내온 화성표면의 사진에 사람의 얼굴과 비슷한 바위가 보인다.

생물이 존재하는지 아닌지도 실험을 해서 그 자료도 보내왔던 것이었다.

바이킹 1호에는 세종류의 생물반응실험장치(生物反應實驗裝置)가 실려져 있었다.

첫째는 열분해방출실험장치. 이것은 지구 위에서 식물이 행하는 것과 같은 반응, 즉 이산화탄소(二酸化炭素)나 일산화탄소의 개스를 몸 안에 받아들여서 그것을 소비하는가 아닌가를 조사하는 장치이다. 만일 화성에 생물이 존재한다면 방사성인 '탄소14'로 표식한 탄소개스에 의하여 토양에서 방출된 개스의 방사능의 카운터가 올라가게 된다.

두번째 장치는 '개스 교환장치'였다.

화성의 흙속에 사는 미생물이 주위의 대기의 조성을 어떻게 변화시키는가를 측정하는 장치이다. 배양기 안에 화성의 대기가 넣어진 상태에서 토양에 영양물을 주고, 그것을 미생물이 섭취하면 대기속의 수소 메탄, 산소, 질소 등의 기체의 농도에 변화가 생길 것으로 그 변화를 측정하자는 이야기이다.

세번째가 '라벨 방출실험장치'였다.

화성의 흙에다가 방사성을 가진 '탄소(炭素)14'로 표식을 한 영양물을 주어서 만일 미생물이 그 영양을 흡수해서 신진대사를 행한다면 일산화탄소로서 대기 속에 방출이 된다.

신진대사가 있으면 일산화탄소 안의 방사능이 상승한다. 이 실험장치는 그것을 측정하기 위한 것이었다.

바이킹 1호에서 보내온 3개의 실험결과는 어느 것이나 생물반응을 나타내고 있었다.

상식적으로 생각해 볼때, 바이킹 1호가 보내온 실험자료는 화성에서의 미생물의 존재를 긍정하는 증거로서 충분히 신빙성이 있는 것인데, NASA에서는 생물의 존재를 인정하고 싶지 않기 때문에 억지로 부정을 했던 것이었다.

베일③ '화성에는 충분한 물이 있다'

베일①에서 화성에는 상당히 두꺼운 구름이 발생한다는 사실을 소개했다. 새삼스럽게 이야기할 것도 없이 이 '두꺼운 구름'은 풍부한 물의 존재를 우리들에게 가르쳐 주고 있는 것이다.

화성에서의 풍부한 물의 존재에 대해서도 보다 구체적이고 유력한 증거가 있다.

화성은 모자를 쓰고 있다. 그것은 극관(極冠)이라고 불려지는 것으로서 화성의 양극에 있으며, 계절에 따라서 커지기도 하고 작아지기도 하고 사라지기도 하는 변화를 보여 주고 있다.

극관의 관측 데이타에 의하면 사라진 뒤의 지표는 검게 된다.

NASA의 보고에 의하면 이 극관은 탄산개스가 언 드라이아이스라고 했다. 그러나 그것은 NASA가 잘못 판단한 것이거나 또는 진상을 감추기 위하여 고의로 말한 거짓말이라고 생각이 된다.

지금까지 간측된 화성의 온도는 섭씨 마이너스 70도에서 27도까지이다. 그러나 섭씨 마이너스 70도에서는 탄산개스는 얼지 않으며 따라서 드라이아이스가 될수는 없는 것이다.

또 한가지는, 극관이 사라진 뒤의 땅이 검게되는 현상은 그것이 탄산개스가 언 드라이아이스라면 설명이 되지 않는다. 왜냐하면 누구나 다 알고 있듯이 드라이아이스는 녹으면 액체가 되지 않고 기체로 변하는 것이기에 땅을 검게 젖게 할수는 없는 일이기 때문이다.

이 사실은 극관이 탄산개스가 아닌 물로되어 있음을 나타낸다. 더욱이 그것은 두터운 구름이 존재하는 것을 생각하면 상당히 풍부한 분량의 물이 존재함을 이야기해 주는 것이라고 할수가 있다.

NASA에는 현재 과학의 최고봉에 속하는 뛰어난 두뇌의 소유자들이 집결이 되어 있는데, 그런 사람들이 이런 중학생도 범하지 않는 미스를 과연 할수가 있을까?

대답은 '아니오'이다.

NASA는 화성에 존재하는 물과, 그 연장상에 있는 생물이 존재할 가능성을 어떻게든 숨기기 위하여 거짓말을 하고 있는게 분명한 것이다.

베일④ '부정할 수 없는 화성의 인공 구축물의 존재'

1970년 7월 25일, 바이킹 1호가 보내온 사진 가운데에는 아주 이상한 것이 찍혀서 그 '이상한 것'이란 인간의 얼굴과 같은 모습의 바위산(人面岩)이다.

이 바위산은 가로가 2.6킬로, 폭이 2.3킬로나 되는 거대한 것인데, NASA는 이것은 자연이 만든 우연의 산물이라고 발표를 하고 있다. 사진의 반쪽이 그늘이 져 있어서 어두웠던 적도 있고, 이 NASA 의 발표를 일반 사람들은 그대로 믿어버렸던 것이었다.

그러나 이런 NASA당국의 공식견해와는 별도로, 내부직원인 뷘센트 · 데비트로, 그레고리 · 모레날이라는 두명의 과학자는 인공구조물이 아닌가 하는 의심을 갖게 되어서 같은 장소를 찍은 몇장의 사진을 콤퓨터를 써서 화상해석(畵像解釋)을 해 보았다. 그랬더니, 그림자가 되어 있는 부분은 사람의 얼굴이며, 더욱이 그 얼굴은 완벽한 좌우 대충이었던 것이었다.

얼굴은 똑바로 정면을 향했고, 머리털 모양, 이마, 입, 코, 눈의 움푹 파진것까지도 뚜렷한 윤곽을 갖고 있었고, 전체는 장방형(長方形)의 대좌(台座)위에 놓여져 있었던 것이었다. 더욱이 눈이 움푹 파진 곳에는 눈알이 입 안에는 이빨까지 있는게 확인되었던 것이었다.

이것은 아무리 보아도 NASA가 발표한 것과 같은 자연의 조작따위는 아니고, 인공적인 구조물인게 분명하다고 생각이 된다.

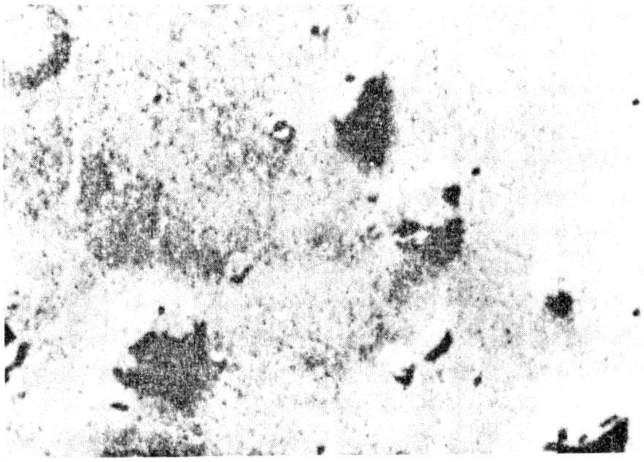

1979년 7월 25일, 바이킹1호가 보내온 화성 표면의 사진에 사람의 얼굴과 비슷한 바위가 보인다.

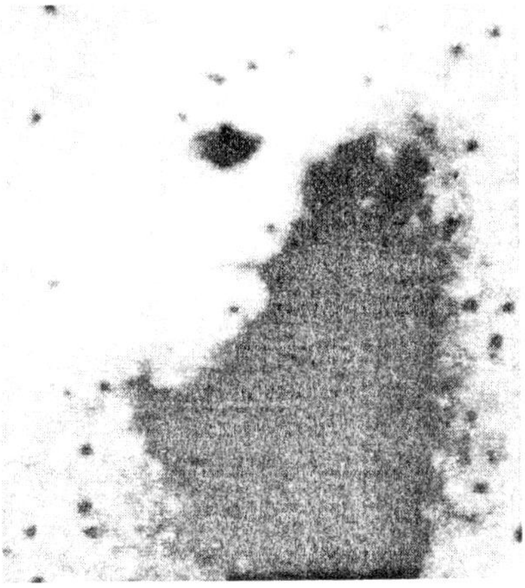

인간의 얼굴 부분을 확대한 것으로서 가로가 2.6킬로 폭이 2.3킬로나 된다.

또한 인면암(人面岩)의 왼쪽에는 분명히 피라미트라고 생각이 되는 두개의 물체가 사진으로 찍혀져 있었다.

크기는 한 변이 지구의 피라미트의 열배나 되는 거대한 것이었다. 이 구조물의 한변은 지구의 피라미트와 똑같이 정확하게 북쪽을 향하고 있다. 또한 인면암의 남서쪽 16킬로 지점에는 도시라고 생각되는 인공구조물군도 발견이 되었던 것이었다.

대기도 물도 충분히 있고, 생물반응도 있었으며, 인공구조물의 존재로 확인 된 별 이것이 화성의 참모습임을 알아야 한다. 그리고 NASA는 화성의 참모습을 감추려고 하면 할수록 스스로 공표한 자료로 해서 무덤을 파고 있는 것이다.

미국과 소련이 흘린 의혹 투성이의 금성 정보

1961년 2월 12일, 소련이 베네라 1호를쏘아올린 뒤, 지금까지 미국과 소련 합해서 20대 이상의 탐사기가 금성을 향해 날라간게 사실이다.

이러한 탐사기도 초기에는 금성 근처를 통과하기만 했거나, 아니면 격돌하거나 한 상태였었는데, 1970년 8월 17일에 쏘아올린 베네라 7호를 같은 해 12월 15일 세계 최초로 착륙에 성공을 했다.

착륙한 뒤의 송신시간은 불과 23분에 지나지 않았지만 이것이 계기가 되어서 미국과 소련은 여러대의 탐사기를 성공적으로 착륙을 시킨 바 있다.

당연히 송신시간도 길어지고 이로 말미암아 수집한 정보의 분량도 확대되었을텐데도, 이상하게도 공표된 사진의 수효는 아주 적었고, 또한 환경에 대한 공표를 거의 하지 않은게 사실이다.

이 정보의 노출도가 작은것은 미국과 소련에게 공통된 점이며, 마치 두 나라가 짜고 '금성에 대해서는 이야기하지 말자'고 입을 맞추어 놓은것 같은 인상을 준다.

지금까지 금성의 환경으로서 공표되고 있는 자료는

'대기는 이산화탄소이고, 지표는 90기압, 구름의 거의 전부가 유산(硫酸)으로 되어 있고, 지표의 온도는 섭씨 470도라는 고온, 기온이 너무 높아서 물은 모두 증발해 버려서 대기 속에 아주 작은 양의 고온수증기로서 밖에 존재하지 않는다.' 라고 되어 있다. 그러나 이 데이타는 전혀 엉터리라고 생각이 된다.

베일① '금성은 고온, 고압의 별은 아니다'

우선 지표의 온도가 섭씨 500도 가깝다고 한 데이타를 점검해 보기로 한다.

만일 이것이 사실이라면 이런 높은 기온 속에서 콤퓨터의 IC가 작동할 수 있는 까닭이 없고, 따라서 착륙한 뒤의 조사자료도 송신할 수 없는게 당연하다. 그러나 실제로는 착륙한 뒤에 거의 전부의 탐사기가 자료와 사진을 보내왔고, 콤퓨터는 아무런 이상없이 작동을 했던 것이었다.

이 한가지 사실만 보더라도 '섭씨 500도 가까운 높은 기온' 이라는 데이타가 허위임을 알수 있다고 생각이 된다.

다음에는 '대기압(大氣壓)'은 90기압이라고 하는 데이타, 이것도 말이 전혀 되지 않는다. 90기압이라고 하면 약 1만톤의 압력(壓力)에 해당이 된다. 이만한 압력이 가해지면 자동차 같은 것은 순식간에 작살이 난다. 아무리 탐사기가 튼튼하게 설계가 되어 있다고 해도 1만톤의 압력 앞에서는 작살이 날것은 당연하다. 허나 탐사기는 부서지지 않고 데이타를 보내왔던 것이다.

'90기압에서는 탐사기가 무사할 수 없다'는 사실에 대하여 또하나 소개하고져 한다.

최근 '금성에서는 초속 100미터의 모래 바람이 불고 있다'는 조사결과가 발표되고 있다. 90기압이 사실이라면 이 모래바람은 지구에 가져오면 '초속 9,000미터의 강렬한 폭풍이 된다'는 계산이다.

이런 강풍 속에서는 탐사기는 가만이 있을 수 없을 뿐만 아니라, 착륙하기도 전에 날라가 버렸을게다. 그러나 아직 한번도 금성에 착륙된 탐사기가 강풍에 작살이 났다는 발표는 없다.

'금성의 대기압 90기압'은 새빨간 거짓말인게 분명하다.

베일② '유산(硫酸)일 수 없는 금성의 구름'

'금성의 구름은 거의가 유산'이라는 데이타도 정말 웃기는 이야기이다.

1982년 3월 3일에 금성에 착륙한 소련의 탐사기 베네라14호가 보내온 사진을 보면, 그곳에 찍혀 있는 탐사기의 금속면은 전혀 부식이 되어 있지 않고 광택이 있는것을 알수가 있다.

'유산의 구름' 속으로 통과했을텐데도 말이다. 이어서 미국의 금성 탐사기 마리나10호가 보내온 자외선사진, 그 사진에는 금성의 구름 모습이 뚜렷하게 찍혀 있다.

유산으로 된 구름은 자외선사진에는 찍히지 않는다. '금성의 구름은 거의가 유산이다'는 새빨간 거짓말인 것이다.

베일③ '금성에는 충분한 물이 있다'

미국에서는 1978년, 파이오니어, 뷔너스1호와 2호를 금성을 향해 쏘아 올렸다.

미쉬간 대학의 토마스·도나휴 박사는 2호에서 보내온 자료를 분석하여, 금성 대기 속의 중수소(重水素)의 비율로 보아, 금성에는 충분한 바다물이 존재한다는 것, 즉 바다가 있다는 사실을 발견했다.

바다가 존재한다면 물도 대량으로 존재할 것은 당연한 일이다.

따라서 구름도 유산이 아니며 지구와 똑같은 물로 되어 있다는 것을 뜻하는 것이 된다.

'금성에는 물은 없다'는 거짓말인 것이다.

여기서 금성의 참모습을 밝혀 본다.

지표(地表)의 온도도 대기의 조성도 지구와 매우 비슷하다고 생각이 된다.

이에 대하여 아담스키이는 '금'성의 대기압은 멕시코 시티와 같은 정도' 라고 말하고 있다. 멕시코시티의 기압은 약 800미리발, 일기압은 아니지만, 현재 멕시코시티에는 많은 사람들이 살고 있고 올림픽도 개최된 바가 있다. 이곳과 같다면 지구인이 금성에 가도 곧 순응이 될 것으로 생각이 된다.

또한 금성에는 바다가 있고, 물도 풍부하고, 유산이 아닌 수증기로 된 두터운 구름에 덮혀 있다는게 분명하다. 이런 여러가지 환경조건을 생각할 때, 금성은 녹색이 풍부한 별인게 분명하다고 생각이 된다.

NASA가 발표한 해왕성(海王星)의 데이터는 모순 투성이

1977년 8월 20일에 미국이 쏘아올린 보이저 2호가 12년의 오랜 비행 끝에 1989년 8월 25일, 마침내 해왕성에의 최접근에 성공을 했다.

지구와 해왕성(海王星) 사이에는 45억킬로에 걸친 우주공간이 펼쳐져 있다.

보이저 2호는 그 우주공간을 넘어서 해왕성에 관한 훌륭한 사진과 자료를 지구에 보내온 것이었다.

45억킬로라고 하면 빛의 속도로서도 4시간 6분이 걸리는 거리이다. 그런 터무니 없이 먼 곳에 있는 우주탐사기를 제어하여, 사진을 찍고 여러가지 각도에서의 자료를 송신시킨고 미국의 우주개발기술에는 경의를 표하고 싶다.

그러나 이와는 반대로 '이것이 해왕성의 환경이다'라고 발표된 데이타에는 도저히 경의를 표할 수 없는게 사실이다. 왜냐하면 터무니 없는 거짓을 발표했기 때문이다.

NASA가 해왕성에 대하여 발표한 데이타는 다음과 같다.

"해왕성의 표면온도는 섭씨 마이너스 223도. 수소(水素)와 헤리움과 소량의 메탄개스에 덮혀 있고, 기압은 2 기압, 최대풍속 180미터의 바람이 불고 있고, 메탄개스가 언 구름이 고속으로 날라다니고 있다. 남반구에서는 지구 크기의 큰 검은 반점이 확인되었다. 이것은 지구에서 볼수 있는 하리케인이다. 또한 해왕성의 표면에서 복수의 오로라와 자기(磁氣)가 관측 되었다."

또한 NASA에서는 보이저2호가 보내온 해왕성과 토리톤의 사진을 공개하고 있다.

"태양에서 45킬로 떨어진 변경에 위치한 별이라고는 생각되지 않을만큼 밝게 빛나고 있다."

이것은 사진을 본 NASA의 관계자들이 놀라서 한 이야기인데, 그것도 무리가 아니다.

어느 사진에서도 해왕성과 토리톤은 밝게 빛나고 있었기 때문이다. 그리고 이 사실은 해왕성이나 토리톤의 참모습을 아는데 귀중한 정보인 것이다.

베일 '해왕성은 아주 추운 별은 아니다'

해왕성과 그 위성(衛星)인 토리톤에 대해서는 NASA가 발표한 데이타는 진짜와 가짜가 섞여 있다고 생각이 된다.

따라서 해왕성의 진실을 알아내려면, 과학적인 종합성 위에 서서, 데이타를 선별하여 무엇이 '진실'인지를 가려내면 된다.

해왕성과 토리톤의 표면에서는 오로라와 자기(磁氣)의 발생이 관측되고 있다.

별의 자기는 그 지각 내부의 마구마와 별의 자전(自轉)에 의하여 발생한다는 것은 지금 정설이 되어 있다.

이 말은 해왕성, 토리톤이 다같이 지각 내부에서 마구마가 활발하게 활동하고 있다고 생각해서 틀림이 없다는 이야기이다.

그리고 마구마의 활동은 두 별의 내부가 지구와 똑같은 뜨거운 상태임을 말해 주고 있는 것이다.

또한 거대한 태풍의 존재는, 지표에 상당히 커다란 한난(漢暖)의 차이가 있어서 커다란 에너지 이동이 있음을 말해주고 있다.

다음에는 보이저 2호가 보내온 사진.

이 사진에서 해왕성도 토리톤도 NASA의 관계자들이 깜짝 놀랐을 정도로 밝게 빛나고 있었다. 이것은 45킬로나 떨어져 있음에도 불구하고 태양 에너지가 충분히 도달하고 있다는 증거라고 생각이 된다.

자기(磁氣)와 태풍, 그리고 밝게 빛나는 사진, 이러한 데이타가 나타내는 진상은 오직 하나, '해왕성도 토리톤도 섭씨 마이너스 223도나 섭씨 마이너스 240도와 같이 몹시 추운 별은 아니다'라는 사실이다. 그러나 과학적인 지식이 있는 사람이라면 '태양 에너지는 거리의 2승(乘)에 반비례해서 도달하니까 태양에서 해왕성까지의 거리는 지구보다 30배나 크다. 따라서 계산상으로는 지구의 약 천분의 1의 에너지가 도달할 수 있다.'
는 이야기가 된다.

물론 내 자신도 이 법칙을 모르고 있는 것은 아니다. 그러나 진짜로 지구의 천분의 일 정도의 작은 에너지가 도달한다면 해왕성도 토리톤도 캄캄한 별이어야만 한다는 이야기이다. 허나 현실은 이 법칙과는 전혀 반대이며 같은 정도의 높이에서 찍은 지구와 해왕성의 사진을 비교해 보면 둘은 거의 같은 정도의 밝기로 빛나고 있는 것이다.

이 움직일 수 없는 엄연한 사실을 보면 태양의 열과 빛은 지금까지 우리가 생각한 것과는 전혀 다른 메카니즘으로 혹성에 도달하고 있음이 분명해지는 것이다.

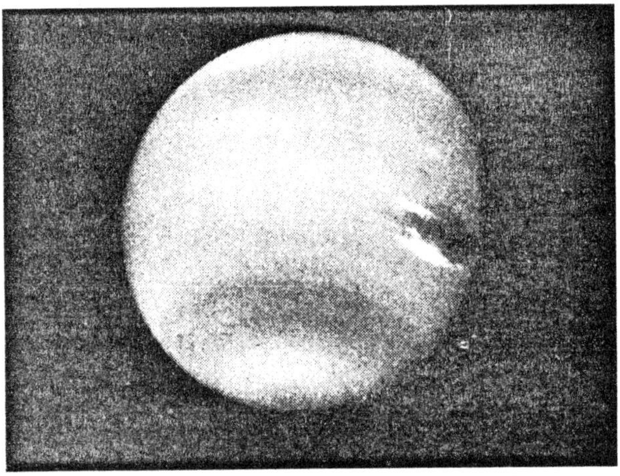

보이저2호에 의한 해왕성 사진 대단히 밝게 보이고 있다. 흰 구름이 보이고 지구 크기의 큰 검은점이 보인다. 이것은 하리케인이라고 한다.

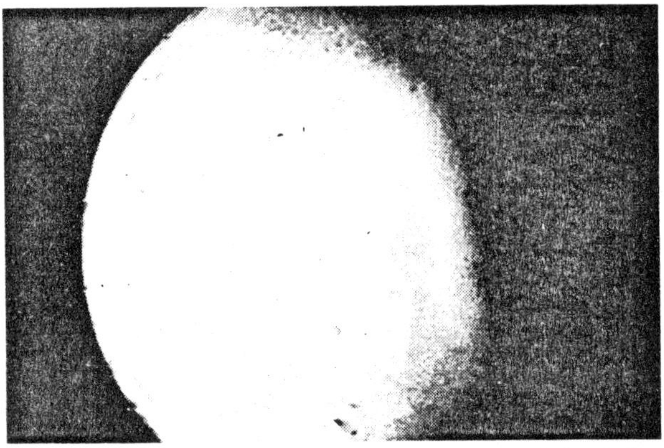

보이저2호에 의한 해왕성의 위성인 토리톤의 사진, 밝게 빛나고 있다.

'태양은 뜨거운 별이 아니다'라고 우주인들은 말하고 있다

지금까지 말해온 것을 정리하여 정말 놀랄만한 이야기를 하나 하고져 한다.

거의 대부분의 지구인들은 태양은 초고온(超高温)의 별이라고 생각하고 있는데 사실은 그렇지가 않다고 한다.

많은 우주인들은 ' 태양은 지구인들이 생각하고 있는 것과 같은 뜨거운 별은 아니다' 라고 이야기하고 있는 것이다.

이를테면 아담스키이도 다음과 같이 말하고 있다.

"태양은 지구 위에서 보는것과 같은 모습으로 빛과 열을 보내고 있는게 아닙니다. 태양의 방사선(放辭線)은 혹성의 대기권에 들어오기 까지는 그 자체는 빛이다. 열을 내고 있지 않습니다. 대기 속에서 들어와서 비로서 빛과 열을 내는 것입니다. 태양에서 먼 혹성에는 태양의 방사선이 도중에서 강화(強化)되는 구조가 되어 있어서, 태양에서 먼 혹성도 가까운 혹성과 똑같이 따뜻한 기후인 것입니다."

쉽사리 믿어지기 어려우리라고 생각이 되지만, 이것은 진실인것 같이 생각이 된다. 만일 태양이 뜨겁게 타고 빛나는 별이라면 지구의 상공에 가면 갈수록 태양에게 가까이 다가가니까 온도가 높아지고 밝기도 더 밝아져야 될 것으로 생각이 된다.

그러나 실제는 그렇지가 않다.

높은 산 위에 올라가면 갈수록 온도는 내려가게 마련이다. 로켓트로 지구의 대기권 바깥에 나가면, 우주는 캄캄하고 거의 별도 보이지 않고 태양은 그다지 밝게 빛나지는 않는다.

이런 사실들로 보아서도 태양의 빛과 열은 지구에 도달한 뒤에 비로서 열과 빛을 발하고 있는 것 같이 생각이 된다.

그러면 태양에서는 핵융합이 일어나고 있지 않는게 아닐까, 내 생각으로서는 핵융합은 일어나고 있지만, 그 반응은 초고온에서 일어나고 있는 것은 아니라고 생각이 된다.

핵융합이 보통의 낮은 온도에서 일어나고 있는것으로 생각이 된다. 핵융합으로 생긴 에너지는 열은 되지 않고, 초미립자인 에너지의 형태로 방출이 되어 있다고 생각이 된다.

이 이론을 뒷바침할 수 있는 정보가 두개가 있다. 하나는 최근에 이루어진 상온핵융합(常温核融合)의 성공이며, 또하나의 생물의 몸 안에서 행해지고 있는 원소변환의 발견이다.

상온핵융합이라는 것은 잘 알다시피, 중수(重水)의 전기분해(電氣分解)를 하면 과잉한 에너지와 중성자가 발생하여서, 상온에서도 핵융합이 생긴다는 것이 발견이 되었던 것이다.

이들 사실은 프라이슈만과 뽄즈박사 및 죤스 박사의 그룹이 따로 발견했고, 그뒤 여러 과학자들에 의하여 추가 시험이 행해져서, 틀림없이 어떤 핵융합반응이 일어난다는 것이 확인이 된바가 있다.

또하나는 생물의 몸 안에서 원소질환, 즉 핵반응(核反應)이 일어나고 있다는 사실이 발견이 되어 보고가 되어 있다.

프랑스의 생물화학자(生物化學者)인 케르브란은 엄중한 닭의 사육시험을 통하여 생물의 몸안에 카리움에서 카르슘, 카르슘에서 마그네슘으로, 나트리움에서 카리움으로 여러가지 원소변환이 일어나고 있음을 발견하여 〈생물학적 변환〉이라는 책에 발표한 바가 있는 것 같다.

이상의 정보는, 핵반응은 상온(常温)에서는 일어나지 않는다는 학문적인 상식을 뒤집어 엎은 것으로서, 보통 온도에서도 현실적으로 핵반응은 일어나고 있으며, 태양에서의 핵융합반응이 보통 온도에서 일어나고 있다는 추측을 지지하는 자료가 될수 있다고 생각이 된다.

또한 지구에 도달한 뒤에 발생하고 있는 빛과 열의 크기가 양극(兩極)에서 약하고 적도(赤道) 부근에서 강한 까닭을 카리구라

박사는 '우주의 예지'로 부터의 정보라고 하여 다음과 같이 전하고 있다.

"태양에서는 정(正)의 역선(力線)[고주파수의 음파(音波)]가 나오고 있으며 이것이 부(負)인 지구의 대기 및 지각(地殼)과 교차(交差)하여 열과 빛을 발생시키고 있다. 열과 빛의 크기는 태양으로부터의 거리에 관계가 있는게 아니라, 태양으로부터의 정(正)의 역선과 지구에서 나오는 부(負)의 역선사이의 교차 각(交差角)이 관계가 있다.

그 결과, 적도 부근에서는 매우 강해지고 극 부근에서는 약해진다."

이것으로서 양극(兩極)이 온도가 낮고 적도 부근이 뜨거운 이유가 납득이 된다.

또한 앞서 이야기한 바와 같이 금성과 같은 태양에서 가까운 혹성도, 해왕성과 같이 태양에서 멀리 떨어진 혹성도 지구와 같은 따뜻한 별일 수 있는 것은, 태양으로부터의 방사선이 도중에서 강화되어서 똑같은 강도로 각 혹성에 도달하게끔 되어 있기 때문이라는 것, 태양으로부터 보내진 방사선이 혹성의 대기 속에 들어가서 비로소 열과 빛으로 변한다는 아담스키이의 이야기를 들으면 잘 납득이 되리라고 생각이 된다.

이상은 물질문명에 사로잡혀 있는 지구인이 아직 그 존재를 모르고 있는 '다차원 세계'의 구조가 과학문명이 뒤떨어져서 해명(解明)되고 있지 않은 사실들을 우주인이 보내온 정보를 중심으로 해명한 것이지만, 아직은 그 일부를 알게 된 것에 지나지 않는다고 생각한다.

지금까지의 설명에서 알수 있듯이, 현재의 지구문명이 막다른 골목에 들어가 있는 것은 과학자들이 물질세계에만 사로잡혀서, 눈에 보이지 않는 다차원세계(多次元世界)를 무시해 온데 그 원인이 있지 않나 생각이 된다.

앞으로는 세계의 모든 과학자들의 그 연구대상을 다차원세계에까지 넓혀서 '우주의 참 모습'이 무엇인지 해명해 줄 것을 기대한다.

그렇게 하지 않으면 막다른 골목에 접어든 지구문명은 빠져나올 길이 없기 때문이다.

그런 의미에서 심령과학의 연구도 매우 중요한 과제의 하나라고 생각이 된다.

제 5 장
물의 비밀

1. 물의 비밀

익숙해진다는 것은 무서운 것이어서 그것이 아무리 이상야릇한 존재라고 해도 항상 근처에서 보고 있으면 아무도 이상하게 생각하지 않는 것이 세상의 인정(人情)이 아닌가 생각이 된다.

바로 얼마전 까지만 해도 사람들은 공기의 고마움을 별로 느끼지 못했다.

왜냐하면 공기는 언제나 항상 곁에 있었기에, 공기 없이는 온갖 생물들은 한순간도 살 수 없다는 사실을 진지하게 생각한 이는 아무도 없었다.

요즘 대기오염(大氣汚染)이 아주 심해져서 여러 가지 정체불명(正體不明)의 공해병이 발생하여 실제로 피해를 입게 되는 일이 많아지게 되면서부터 비로소 공기의 중요성을 인식하게 되었다.

한번 오염에 대한 이야기가 나오기 시작하니까 공기뿐만 아니라, 물의 오염도 아주 심각한 상태에 놓여 있음을 알게 되어서, 일부 학자들 가운데에는 이대로 적절한 대책을 세우지 않으면 앞으로 20년 안에 지구 위에 살고 있는 모든 생물들은 반드시 멸종하게 된다고 주장하기에 이른 것이 요즘의 현실이다.

페놀 오염이 발표되기 전만 해도 일반 대중들은 아무런 의심없이 수도물을 마셔 왔으나, 요즘 웬만한 사람들은 수도물은 아예 마실 생각을 하지 않고 각종 생수(生水)들을 구해 마시는 실정이다.

그런데 그 생수가 과연 마시기에 적당한 물이냐 하는 문제가 나와서 세상이 또 한번 떠들석해진 일이 있었다.

물이 없이는 모든 생물들은 잠시도 목숨을 유지할 수 없다는 것은 이제 누구나 다 알고 있는 상식에 속하는 이야기지만, 알고 있는 것 같으면서 잘 알지 못하고 있는 것이 물이 지닌 본질에 대한 지식이라고 생각이 된다.

물은 보통은 액체 상태이며, 온도가 높아지면 기체(氣體)가 되고, 반대로 0℃ 이하로 내려가게 되면 고체(固體)로 변하여 얼음이 된다는 사실은 어린이들도 누구나 알고 있는 상식이지만, 어째서 온도가 조금만 변해도 그런 형태의 변화가 일어나느냐 하면 얼른 대답을 할 수 없다. 너무나도 잘 아는 사실이기 때문에 누구나 어째서 그렇게 변하는가 하는 것을 생각해 볼 필요가 없었기 때문이 아닌가 한다. 그러나-문제는 여기에 있음을 알아야 한다. 온도의 작은 변화에 의하여 물은 기체(氣體)에서 액체, 액체에서 고체로 변하게 마련인데, 지구 위에 존재하는 온갖 물질 가운데에서 이와 같은 성질을 가진 물체는 물 외에는 없다.

물이란, 어느 의미에서 물질계(物質界)에 존재하는 마술사와 같은 존재인 것이다.

작은 온도의 변화에 의해 물이 물질계에 있어서의 위상(位相)을 바꾸게 되는 이유를 이제부터 간단하게 설명해 보고자 한다.

보통 물은 H_2O 로서 산소분자 1에 수소분자 2에 의하여 구성되어 있고, 피라밋 꼴을 하고 있으며 물의 분자(分子) 속에는 일종의 4차원적인 공간이 있어서 열 에너지 뿐만 아니라 전자력(電磁力), 자력(磁力) 뿐만 아니라 온갖 물질을 간직할 수 있는 성질을 갖고 있는 것이다.

10℃에서 20℃까지의 상태에서는 물은 보통의 액체 상태이지만 그 이상 온도가 오르기 시작하면 물의 분자(分子)는 활발하게 움직이기 시작한다.

그것은 하나 하나의 물의 분자 속에 스며 든 열에너지가 포화상태가 되어서 물의 분자 하나 하나가 독립하여 움직이는 동력으로서 작용하기 때문이다. 이로 말미암아 물의 분자와 분자를 연결시키고 있었던 인력(引力)이 약해져서 물의 분자는 추진력을 얻게 되어 공기보다도 가벼운 존재로 그 위상(位相)이 변하게 된다.

이것이 물의 기화상태(氣化狀態)이다.

바깥에서 열에너지가 마구 들어와서 100℃ 가깝게 되면 물의 분자는 전부 독립하기 시작하여 무서운 속도로 기화(氣化)되게 된다. 그러나 이런 경우에도 물의 분자구조 속에 여러 가지 물질이 녹아들어 있으면 물은 이 이물질을 자기 구조밖으로 쫓아내기 위하여 다소의 에너지가 필요하기 때문에 보통 경우보다 보다 온도가 높아지지 않으면 기화되기가 어렵다.

한 웅큼의 소금을 물 속에 넣어서 잘 휘저으면, 눈으로 보아서 소금을 가려내기가 힘들게 되는데, 이것은 물의 힘에 의하여 소금이 분자(分子)의 상태로 분해되어서, 물의 분자 속의 4차원 공간(四次元空間) 속에 들어가 버리고 말기 때문이다.

그러나 온도가 올라가서 물이 기체(氣體)로 변화하기 시작하면, 물은 소금의 분자를 본래의 상태로 되돌려 주어서 고체상태(固體狀態)로 만들어 놓고, 스스로는 기체로 변하게 된다.

한편, 주위의 온도가 내려가기 시작해서 대기(大氣)의 온도가 섭씨 0도가 되게 되면 물은 얼기 시작하는데, 그것은 물 속에 저장되었던 열에너지가 빠져나가서 물의 분자의 운동이 둔해져서, 생물로 말하면 일종의 가사상태(假死狀態)가 되어서, 결정체(結晶體)를 만들어 부피가 늘어서 얼음으로 변신을 하게 된다. 물의 분자가 서로 굳게 결합하게 되는 현상이다.

하지만 주위의 온도가 올라가기 시작해서 섭씨 0도 이상이 되게 되면 얼음 속에 열에너지가 들어가기 시작해서 얼음은 본래의 액체의 상태, 즉 물로서의 본래의 모습으로 돌아가기 시작하는 것이다.

그런 뜻에서 불사(不死)의 성질을 갖고 있는게 물인 것이다.

한편, 물은 보통의 자연적 방법으로는 그 분자구조(分子構造)가 파괴되지 않는 특수한 물질인 것이다. 온도의 상승(上昇)에 의하여 분자의 단계로 독립해 버리면 물은 기체로 변하게 되는데, 그때에도 H_2O의 성질은 조금도 변하고 있지는 않은 것이다.

보통, 우리들이 물을 마시게 되면, 그 물이 몸속에 들어가서 분해되는 것이라고 생각하기 쉬운데 이것은 터무니 없는 그릇된 판단이라고 할 수가 있다.

앞서도 이야기한 것과 같이 물은 그 분자구조 속에 일종의 4차원 공간을 갖고 있어서, 분자의 형태로 분해된 갖가지 물질을 저장해서 운반하는 운반자의 성질을 지니고 있는 것이다.

보통 물질은 물 속에 들어가면 분자의 형태로 분해가 되며, 이것도 물이 지니고 있는 이상한 성질에 의해 이루어지는 현상인 것이다.

물은 여러 가지 물질을 분자의 모양으로 그 4차원 공간 속에 저장해서, 식물 또는 동물의 몸속에 들어가서, 저장했던 열에너지라든가, 그 밖의 물질을 쏟아 놓고, 그 식물 또는 동물의 몸에서 배출하는 물질을 대신 저장해서 몸 밖으로 실어 나르게 된다.

이와같은 물의 작용에 의해 지구 위의 온갖 생물들은 살아 갈 수 있는 것이다.

물은 자연의 방법으로는 절대로 파괴할 수 없는 특수한 성질을 갖고 있어서, 비록 전기분해(電氣分解) 같은 방법에 의해 산소와 수소로 분해가 되었다고 해도 곧 다시 결합해서 본래의 액체의 모습으로 되돌아 가고 마는 것이다.

내가 발안(發案)한 '옴 진동수'는 강력한 염력(念力)에 의하여 우주 에너지를 집중시켜서 만든 수소분자(水素分子)가 많은, 또한 육각형 꼴의 가운데 진공점(眞空點)이 있어서 전자력(電磁力)을 저장하고 있는 보통 물보다 비교도 안되게 많은 에너지를 지니고 있는 약한 알카리성질을 띄운 중수(重水)이다.

일반에게 알려진 과학적인 방법을 써서 중수를 만드는 데는 대단히 어려운 공정(工程)이 필요하며, 비용도 많이 들지만 염력(念力)이 들어 있는 '옴' 진동음으로 중수를 만드는 것은 매우 간단한 일이어서 카세트 테이프에 녹음을 해서 쓸수가 있음이 이미 널리 증명이 된 터이다. 다만 '옴 진동수'를 대량으로 생산하는 데는 특수한 공정이 있으며 (주. 나는 여기에 대해서는 특허를 받을 생각이기 때문에 여기서는 그 자세한 원리(原理)와 공정은 밝힐 수가 없다) 또한 이렇게 해서 만들어진 '옴 진동수'는 자연의 상태와 보통 물과는 달라 그 구조가 불안정하기 때문에, 약간의 열에너지의 충격을 받아도 본래의 생수로 되돌아 가는 성질을 갖고 있는 것이다.

또한 프라스틱의 용기에 담은 상태에서 '옴'진동을 쪼이면 프라스틱을 구성하는 고분자 물질이 분해되어서 물 속에 들어가기 때문에 오히려 독수(毒水)가 된다는 사실을 명심해 주기 바란다.

나무라든가 자기 그릇, 유리 그릇에 담아서 진동을 쪼여서는 효과가 없음을 알려 드린다. 반드시 쇠 주전자를 사용해야 한다. '옴'진동을 쪼이는 순간 쇠그릇을 구성하는 분자 가운데 음전자(陰電子)가 떨어져 나옴으로서 오래지 않아 쇠주전자가 얇아지고 못쓰게 된다.

물은 어디까지나 분자(分子)의 형태로 존재하는 특수한 물질이다. 과학자들의 짐작에 의하면 월세계(月世界)의 바위 속에도 다량의 물의 성분이 저장되어 있다고 한다.

효과적인 방법으로 분해시킨다면 약 1000만명의 사람들의 음료수로 쓰여질 수 있을 만큼의 분량이 있다는 이야기이다.

월세계에서는, 사람들은 인공(人工)으로 만든 돔이나 지하 도시(地下都市)에서 살게 마련이고, 이렇게 해서 채취된 물은 얼마든지 재생(再生)시켜서 쓰여질 수가 있다고 한다.

또한 물을 분해시켜서 공기를 만드는 방법도 가능하다고 한다. 화산(火山)의 용암 속과 공기에도 물의 분자는 수분(水分)으로서 존재하고 있으며, 어떠한 딱딱한 물질 속에도 스며들어 갈 수 있는게 물의 특질이기도 하다.

여러 가지 물질 속에 포함되어 있고, 또한 물 자체 속에 여러 가지 물질을 분해시켜서 공존공영(共存共榮)하고 있는게 물의 본질인 것이며, 독을 넣으면 사람을 죽이는 독수(毒水)가 되고, 약을 넣으면 그 반대의 작용을 하는 것도 또한 물의 본질인 것이며, 다른 물질 속에 수분으로서 적은 분량이 포함되어 있을 때에는, 그 물질의 본래 갖고 있는 성질을 간섭하지 않는 것도 또한 물이 지닌 특질인 것이다.

즉 ① 원인이 있으면 결과가 있다. ② 공존공영 ③ 불간섭 주의를 철저히 지킨다는 3개의 우주법칙(宇宙法則)을 충실하게 지키고 있는게 바로 물인 것이다.

2. 물과 인간의 육체

물이 우리들 인간을 비롯하여 온갖 지구생물(地球生物)에게 있어서 절대로 필요함은 더 말할나위도 없다. 그러나 어떤 물이나 마셔도 좋다는 것은 결코 아니다. 우선 마셔 보아서 맛있는 물과 그렇지 않은 물은 분명히 구별할 수 있다. 한국과 일본의 물은, 음료수 가운데 세계에서 가장 맛 있다고 말해지고 있다.

인구가 1천만명이 넘는 큰 도시인 서울 시내에서도 아직껏 우물물을 음료수로 쓸 수 있는 질(質)이 좋은 지하수(地下水)가 나온다는 것은 정말 놀라운 일이다.

북악(北岳) 스카이 웨이의 주변에 있는 고급주택들은 대부분이 지하수를 음료수로 쓰고 있다. 서울 사내에서 20킬로 정도 떨어진 교외에 나가면, 우물물을 마시는 것은 이미 상식에 속하는 이야기이다. 파이프를 9미터만 때려 박으면 얼마든지 질이 좋은 지하수를 풍부하게 뽑아 올릴 수 있다는 것은 정말 놀라운 일이라고 생각한다.

동남 아시아나 구라파와 같이 생수를 마실 수 없는 고장에서는 물은 당연히 병에 넣은 상품이 되어 있으며, 열사지대(熱砂地帶)인 아라비아 같은 곳에서는 음료수가 석유보다도 비싸게 팔린다는 이야기이다.

생수를 공짜로 마실수 있다는 것은 하늘의 혜택을 받고 있는 나라에 살고 있다는 뜻이 됨을 알아야 한다. 그러나 불순물이나 혼입물은 어떤 양질(良質)의 물에도 들어있게 마련이고, 물의 질도 각양각색이어서 단순하게 산소와 칼슘을 포함하고 있습니다 라고 처리가 될 수 없음도 또한 사실이다.

한국의 생수는 약간의 예외를 제하고는 어떤 물이든 마시는게 건강상 좋은 일이긴 하지만, 보다 좋은 물을 택함이 좋다는 것은 두말할 나위도 없다.

그러면 어떤 물이 음료수로서 건강에 좋은 것일까?

옛날에는 우리나라의 지하수 하면 세계에서 맛이 좋기로 이름이 났었지만, 그러나 공해오염이 심해진 요즘에 와서는 곳곳의 하천과 우물물들은 이미 대부분이 오염이 되어 있으며, 좋은 물은 아주 찾아보기가 힘들게 되었다.

잘 조사도 해보지 않고 섣불리 생수를 마시는 날에는 곧 설사를 할 수 있는 물도 많음을 알아야 한다. 그러한 뜻에서 '한국의 물은 세계에서 가장 맛 있다'라는 것도 이미 신화(神話)로 변해가고 있다고 해도 결코 지나친 말은 아니다.

여기서 잠깐 우리들이 하루에 얼마나 물이 필요한지, 배설하는 물은 얼마나 되는지 잠시 알아보기로 한다.

표1. 물의 출납(1일 분량)

섭취하는 물		배설하는 물	
음료수	1,450 g	대변속의 물	100 g
식물속의 물	800 g	소변	1,500 g
대사수	350 g	불감증설량	400 g
		땀	200 g
		呼氣中의 물	400 g
(計)	2,600 g	(計)	2,600 g

우리들이 몸 안에 받아들이는 수분으로서는 음료수와 음식 속에 들어 있는 수분을 들 수가 있다. 대체로 음료수로서는 1,450g, 음식 속에 포함되어 있는 수분으로서는 800g 정도가 된다. 이밖에도 몸 안에서는 영양소가 산화(酸化)되어서 생기는 물 대사수(代謝水)가 350g 정도가 된다.

이 대사수는 몸이 수분결핍 현상을 일으켰을 경우 중요한 구실을 하게 된다. 즉, 신진대사 결과 발생하는 노폐물을 배설시키는데 없어서는 안될 최소한도의 물이라고 할 수가 있다. 이 대사수는 직접 생명에 관계가 되는 아주 중요한 물인 것이다.

우리들 인간은 건강을 유지하기 위해서는 대체로 하루에 2600g의 수분을 취하고 있다. 사람은 입을 통해서 물을 마시지만, 그 배설은 표에 있는 것과 같이 여러 가지 통로가 있다. 신장이나 호흡기, 피부표면, 대소변 등의 경로를 거쳐서 배설을 하고 있는 것이다.

인체의 성분을 보면 그 대부분은 물로 이루어져 있음을 알 수가 있다. 물은 영양소(단백질 · 지방 · 당질 · 비타민 및 무기질) 속에는 포함되어 있지 않지만, 물이 없으면 생명현상은 일어날 수 없다.

식물의 종자나 구근(球根)이 비록 해빛은 받지 않아도 물만 있으면 어느 정도까지 싹이 트고 성장할 수 있는 것과 같은 이치이다. 인체는 물이 용매(溶媒)로서 작용하고 있기 때문에 살아있는 것이다. 살아 있다는 것은 몸 안에서 물질대사가 행해지고 있는 증거이다. 물질대사가 행해지게 되면 당연히 몸 안에는 필요없는 노폐물이 고이게 마련이다.

이 노폐물은 몸 바깥으로 내어보내지 않으면 안되는데 그러기 위해서는 배설시키는 데 필요한 물이 있어야 한다. 이에 필요한 물의 분량은 최저 한도가 500g이라고 한다.

그러니까 비록 물을 전혀 마시지 않더라도 노폐물을 몸 밖으로 내보내기 위해 필요한 물의 분량을 몸 안에서 주어 모아서 이에 충당하지 않으면 안되기에, 이런 상태가 계속되면 세포 안의 물이 적어져서 차차 탈수상태(脫水狀態)가 되어 목숨이 위험하게 되는 것이다.

그러나 수분을 계속 취하게 되면, 몸안에서 필요없게 된 노폐물들을 몸밖으로 내어 보내는데 필요한 물만이 소변이나 땀이 되어서 나가게 된다. 그렇게 되면 나머지 수분은 노폐물을 내어보낸 뒤의 순수한 물로서 건강을 유지시키는 구실을 맡게 된다.

모든 액체 속에서 물이 가장 안정되어 있고, 또한 독이 없으며 입수하기 쉽다는 것은 얼마나 다행한 일인지 모른다.

또한 물은 액체 속에서 물질을 분해시키는 능력이 가장 크고, 표면장력(表面張力)도 가장 뛰어나다. 그러니까 몸 안에 흡수된 물은 영양소를 분해시켜서 그 흡수를 쉽게 만들고, 또한 이를 몸 안 필요한 곳에 운반하기 위해서도 절대적인 구실을 한다. 그리고 물에는 강한 표면장력이 있기 때문에 세포와 세포 사이에 스며 들어서 그 세포 간격은 조직액(組織液)으로 채워지게 되는 것이다.

영양소와 산소를 세포에게 보급해 주고, 노폐물과 탄산개스를 세포에서 실어 내는 구실을 하는 것이 바로 물인 것이다. 또한 물은 액체 가운데에서 열을 전해주는 능력(열 전도율)이 가장 큰 것도 체온을 발산시켜서 그 조절을 하는 구실을 맡고 있기 때문이다.

다음에는 물의 연구자로서 세계적인 권위자들 가운데 한 사람인, B.ϕ. 테르쁘고르쓰씨의 저서(著書)인 《물의 세계》에서 인용하여 볼까 한다.

이하 그의 글을 번역 소개한 것임을 밝혀 둔다. 일반 독자들로서는 이해하기가 조금 어려울지 모르나 잘 음미해서 읽어 주기 바란다.

천연수(天然水)란 무엇을 말함인가? 하는 질문은 쉽지만, 이에 대하여 간단히 대답을 하는 것은 매우 어렵다고 생각한다. 아마도 불가능할지도 모른다.

영국의 물리학자였던 카벤딧슈는 수소(H)와 산소(O)가 물을 만들고 있음을 발견했다.

1785년에 프랑스의 화학자인 라노아쥬와 모니에에 의해, 물은 원자량(原子量)이 1인 수소 2개와 원자량이 16인 산소 1개로서 구성되어 있음이 확인되었다.

그러나 화학식(化學式) H_2O로 표시되는 이 개념은 엄밀하게 말한다면 옳다고 생각해 주지 않기를 바란다. 천연수를 만들고 있는 수소원자와 산소원자, 즉 좀더 정확하게 말하면 수소의 산화물(酸化物)은 여러 가지 원자량(原子量)을 택할 수가 있어서 비록 주기표(周期表)속에서 같은 위치를 차지하고 있다고는 하나, 물리적인 성질이나, 화학적인 성질은 서로 다르기 때문이다. 이것이 이른바 동위체(同位體) 이다.

원자량이 1, 2, 3, 4, 5의 다섯 가지 다른 수소와 원자량이 16, 17, 18의 세 가지의 다른 산소가 존재함이 알려져 있는게 사실이다. 천연의 산소 가운데에는 ^{16}O의 산소의 동위체(同位體), 원자 3150개에 대하여 ^{18}O 산소의 동위체는 다섯개 $^{-17}$ 의 산소의 동위체는 1개의 비율로 존재한다.

천연의 기체수소(氣體水素) 가운데에는 가벼운 수소 ^1H(푸로치움)의 원자 5500개에 대하여, 중수소 ^2H(듀테리움)은 1개의 비율로 존재한다. 3중수소 ^3H(도리치움) 나가서 ^4H, ^5H에 대해서 말한다면 지구 위에 존재하는 천연수 속에는 아주 적은 분량밖에 존재하고 있지 않지만, 우주 진화과정에 있어서는 저온인 혹성공간이나 혜성

속에는 존재하고 있을 것으로 생각이 된다.

표2.

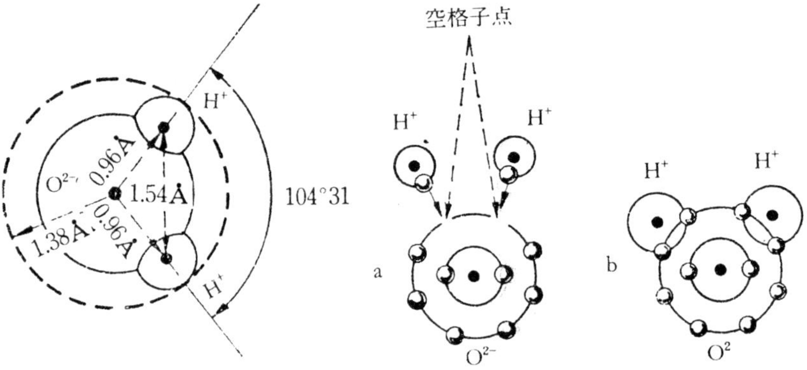

② 물의 분자와 그 크기. 분자의 지름은 2.76A, 수소와 산소의 중심을 잇는 거리는 0.96A, 세 개의 원자의 중심을 잇는 각도는 104°31′

① 산소 1원자와 수소 2원자(a)에서 물의 분자(b)가 이루어지는 과정, 분자의 전자량은 8개의 외각 전자와 2개의 내각 전자로서 이루어져 있다.

수소원자와 산소원자가 만드는 물의 분자(分子)의 구조는 도표 (1)에 표시되어 있다. 여러 가지 원소의 원자의 크기는 대체로 0.6에서 2.6Å(옹그스토롬=1Å는 1밀리의 1,000만의 1임)이다. 또한 빛의 파장의 치(値)는 이보다 수천배 크다.

정상 상태에서는 H_2O분자 속에서 산소원자 하나와 결합한 2개의 수소분자가 만드는 각도는 180도에 가까운, 매우 커다란 둔각(鈍角)을 이루고 있는 것으로 일반적으로는 짐작할 것으로 생각을 한다. 그러나 전혀 뜻밖에도 이 각도는 180도가 아니고 104도 31분이다. 이 결과, 분자 안의 결합력은 완전히 손상됨이 없이 그 '남아도는 힘'은 분자 밖에 나타나게 된다. 도표 (2)에서는 물 분자의 주된 크기가 표시되고 있다. 물의 분자 속에서는 정전하(正電荷)와 부전하(負電荷)는 불균일(不均一)로 비대층(非對稱)으로 분포되어 있다.

이와같이 분자 안의 정전하와 부전하의 중심이 일치하지 않는 분자를 극성분자(極性分子)라고 말한다. 즉, 우리들은 물의 분자는 중성(中性)이라고 말하기는 하지만, 이 극성때문에 분자의 부(負)에 가전(荷電)한 극(極)은 정전하로, 그리고 정(正)에 가전된 극(極)은 부전하로 끌린다는 법칙에 따라서 공간 속에서 그 위치를 정하게 되는 것이다.

물 분자 내부에 있어서의 이 전하(電荷)의 분극(分極)은 다른 물질의 전하의 분극과 비교할 때 매우 큰 것이다. 물리학자는 이런 현상을 상극자(雙極子) 모멘트라고 부르고 있다. 물 분자가 있는 이런 특성(이것은 또한 유전율(誘電率)이라고도 말해지며, H_2O에서는 매우 크다) 은, 이를테면 여러 가지 물질의 용해 과정에서 아주 중요한 뜻을 지니고 있다.

고체를 녹히는 물의 힘은, 그 유전율에 의하여 정해지게 마련인데, 가령 진공(眞空)의 유전율을 1이라고 할 경우, 온도 0℃의 물속에서는 87.7, 50℃의 경우에는 69,9, 그리고 100℃의 경우에는 55.7이 되는 것이다.

또한 실내 온도에서는 유전율은 80이다. 이것은 두 개의 정반대의 전하(電荷)는 물속에서는 대기의 80분의 1의 상호작용력(相互作用力)으로 서로 끌어 잡아당기고 있음을 의미한다.

그렇기 때문에 어떤 종류의 소금의 결정(結晶)에서 이온을 분리시키는 데는 공기 속에서 보다는 물속에서 하는 것이 80배나 손쉽게 되는 것이다. 그러나 물은 같은 분자로서만 이루어져 있는 것이다.

그것은 무슨 뜻인가 하면 물의 분자는 정(正)으로 가전(荷電)한

수소 이온(H^+)과 부(負)로 가성한 수산이온 (OH^-)으로 분해될 수 있기 때문이다. 순수한 물은 보통 상태에서는 분해되기가 매우 어려운이다.

1,000만개의 순수한 물의 분자 가운데에서 오직 하나만이 수소이온과 수산이온으로 분해한다는 것을 알아야 한다. 그러나 온도를 높혀 주거나, 다른 조건을 바꿔 줌으로서 그 분해도는 매우 커지게 된다.

물은 화학적으로는 중성(中性)이지만, 수소이온과 수산이온의

표3 물의 동위체(同位體)

물의 分子式	함유율(%)	같은 정도의 비율로 바다물 속에 포함되어 있는 원소
$H_2^1O^{16}$	99.73	
$H_2^1O^{18}$	0.20	마그네슘
H^1O^{17}	0.04	칼 슘
$H^1H^2O^{1}$	0.32	카 리 움
$H^1H^2O^{1}$	0.00006	질 소
$H^1H^2O^{17}$	0.00001	알 미 늄
$H_2^2O^{16}$	0.00003	린
$H_2^2O^{18}$	0.000000009	수 은
$H_2^2O^{17}$	0.000000001	금

바다물 속의 각 원소(元素)의 함유율과 비교한 것.

존재가 물에서 큰 활성(活性)을 갖게 하고 있는 것이다.

현재까지 알려진 물 가운데에는 아홉가지의 동위체(同位體)가 있다. (표 3)

잘 알다시피 H_2O외의 동위체의 존재율은 그다지 많지 않으며

전체적으로 약 0.3%에 지나지 않는다. 3중수소(三重水素) C^3H는 약한 방사성(放射性)을 나타내고 있으며, 그 반감기(半減期)는 12~13년이다. 극도로 짧은 반감기를 갖는 .원자량 $4C^4H$와 $5C^5H$의 방사성 수소 동위체와 3중수소는 표에 나타나 있지를 않다.

이를테면 ^4H의 반감기는 전부 다음과 같다. $\frac{4}{100000000000}$초 즉 4×10^{-11}초 이다.

지금까지 말해 온 네 종류의 수소의 방사성 동위체가 있다. $^{14}0$, ^{15}O이나 이것은 천연수 가운데에서 큰 뜻은 가지고 있지를 않다. 왜냐하면 그 반감기는 아주 작아서 수십분의 1초에 지나지 않기 때문이다. 그러나 순수한 물의 종류에 대해서는 이것이 전부가 아님을 밝혀 둔다.

나는 물을 연구하고 있는 전문가도 아니고, 독자는 더 그럴테니까 이 정도로 그치고저 한다. 이 논문을 읽고, 보통 생각하고 있는 것 같은 한 종류가 아니고, 여러 가지 화합물의 모양으로 존재하고 있다는 사실을 이해할 수 있으면 그것으로서 충분하지 않나 생각한다.

3. 자화수(磁化水) 이야기

끓인 물은 죽은 물이라는 이유는 끓인 물에는 산소가 없기 때문이다. 끓인 물이 죽은 물임을 알 수 있는 실험은 누구나 간단하게 해볼 수가 있다. 끓였다가 식힌 물에 금붕어를 넣어보면 한시간도 못되어서 죽게 된다.

다음, 현대인은 누구나 몸에 자기(磁氣)가 부족하다고 한다. 길은 모두 포장이 되어 있고, 고층 건물에 살고 있기 때문에 지자기(地磁氣)가 차단된 상태에서 살고 있는 것이 대부분의 사람들의 경우이기 때문이다.

사람의 몸은 자기(磁氣)를 쏘이게 되면 혈액순환과 신진대사가 활발하게 된다고 한다. 그렇게 되면 몸에서 모든 종류의 노폐물질들이 빠르게 몸 밖으로 나가게 된다.

자화수(磁化水)란, 글자 그대로 보통 물에다가 자기처리(磁氣處理)를 한 물을 말한다. 일반 수도물을 자기처리를 하면 자화수가 되는데 시판되고 있는 가정용의 자기처리기는 수도관 주위에 자석을 둘러싸고 끼우게 되어 있다. 오스트리아제, 카나다제 등 외국회사에서 만든 것들은 수도관 주위를 원통형으로 자석으로 둘러싸서 그 자력선(磁力線)을 물에 작용하게 하고 있다.

시판되고 있는 것을 쓰면 효과적인 자화수를 얻을 수 있는 셈인데, 누구나 간단하게 자화수를 만드는 방법도 있다. 우선 컵 한잔의 물과 자석을 준비한다. 교재용(教材用)의 것이든 무엇이나 좋지만, 위생을 위해서 미리 깨끗이 씻어 둔다. 다음에는 자석을 컵 속에 넣어 잘 흔든뒤 잠시넣어 둔다.

물의 소용돌이가 없어지면 자석을 꺼낸다. 이것으로서 자화수(磁化水)가 만들어진 것이다. 너무 간단하지 않느냐 하고 의아하게 생각할지 모르나, 이것이 가장 초보적인 간단한 제조법이다.

물을 자기처리(磁氣處理)하는 것은 언제부터 시작된 것인지, 여기서 자화수의 역사를 간단히 소개해 보고저 한다.

문헌으로서 남겨진 것에 의하면 13세기에 쥬네브의 물리학자였던 데 게르슈라는 사람이 발표한 자화수(磁化水)에 의한 치료법을 쓴 의학 자료가 있다. 그 뒤 한동안 자화수는 사람들의 주목을 끌고 있지 않다가 20세기에 들어서서 다시 관심의 대상이 되게 되었다.

의학면에서 자화수가 상처나 궤양 치료에 뛰어난 효과가 있다는 책들이 출판되어서 조금씩이기는 하지만, 자화수는 일반인들의 화제에 오르게 된 것이라고 하겠다. 그리고 자화수가 크게 주목을 받게 된 것은 의학의 분야가 아닌, 산업계(産業系)의 일로서, 1945년 벨기의 T. 펠메이렌이 생각해 낸 물의 자기처리 장치가 특허를 얻어서 실용화 되면서 부터이다.

이 장치는, 수도관 속을 통과하는 물에 자력선(磁力線)을 작용시킨 것으로서 보일러의 취수구에 붙여 두면 물때가 생기지 않는다는 것이었다.

한편 농업면에서의 자화수에 대한 연구결과를 소개하면 다음과 같다. 그것은 바로 소련 국립학술원이 행한 실험이다. 온실의 화분에다가 해바라기, 콩, 옥수수의 종자를 뿌린 뒤, 두개로 나누어서 한쪽에는 자화수를 다른 한쪽 화분에는 보통 물을 하루에 한번씩 주었다고 한다. 그렇게 12주일이 지난 뒤에 양쪽을 비교해 보니까, 자화수를 준 쪽의 식물의 성장이 두드러지게 표시가 났다는 이야기이다. 해바라기의 키가 21%, 콩의 줄기가 40%, 옥수수의 경우는 줄기의 굵기가 26%나 늘어났다는 것이었다.

쌀의 경우, 자화수를 썼더니 1.2배의 수확이 있었고 소맥의 경우는 18%나 수확이 많았다고 한다. 한편 종자를 뿌리기 전에 자화수를 사용하자 발아율(發芽率)이나 수확이 많더라고 했다.

그러면 어째서 자화수가 식물의 성장에 이와 같은 영향을 끼치는가 하는 당연한 의문이 생겨날 것으로 생각한다. 이에 대해서는 아마도 흙속에 포함되어 있는 영양분을 자화수가 녹여서 식물이 흡수하기 좋도록 하는게 아닌가 생각이 된다. 사실 토마도의 재배에서는 수확이 많아질 뿐만 아니라 질도 맛도 좋아진다는 것이 증명되고 있다고 한다.

한편 축산분야(畜産分野)에서 닭을 사용한 실험이 있다. 모스크바 수의학 아카데미는 백색 레구홍의 암닭 15만 마리에 대해서 산란수효를 매년 조사하고 있다고 한다. 그 결과, 갓 태어난 병아리에게 자화수를 계속해서 마시게 했더니 체중의 증가와 더불어 산란 수효가 10%나 증가한다는 사실이 증명되었다고 한다.

또한 핏속의 헤모글로빈, 칼슘, 린의 분량이 표준보다도 많아졌다고 한다. 그 결과 병아리의 사망율이 2분의 1에서 3분의 1이나 줄었다고 한다.

다음은 의료면(醫療面)에서의 연구 결과를 알아보기로 한다.

쥐를 쓴 실험에 의하면, 모이 가운데 자화수를 섞어 마시게 했더니 쥐의 간장속의 콜레스테롤이 20일 뒤에는 3분의 2로, 90일 뒤에는 5분의 2까지 줄어들었고, 핏속의 콜레스테롤도 많이 줄어든다는 것이 밝혀졌다고 한다.

쥐에 효과가 있다면 인간에게도 효과가 있으리라고 해서 동맥경

화증 환자에게 자화수를 마시게 했더니 짐작했던대로 핏속의 콜레스테롤이 확실하게 줄어 들었다. 한편 신장에 결석(結石)이 있는 환자 30명에게 자화수를 마시게 했더니 그중 19명이 2주일 이내에 돌이 없어졌다고 했다. 63%의 높은 비율이었다.

다음으로는 공업적으로 실용화 되어 있는 자화수에 대하여 소개해보고저 한다.

① 자화수로는 물때가 침전하지 않는다.

보일러 같은 것에서 물을 대량으로 쓰게 되면, 관의 벽면에 물때가 앉게 되어 가동 능력이 떨어져서 연료를 많이 쓰게 되는데, 자화수를 쓰면 그런 일이 없다고 한다.

② 자화수를 쓴 시멘트석(石)은 강도가 높다.

자화수와 보통물을 써서 만들어진 시멘트를 비교하면 10~25%나 자화수 시멘트가 강도가 강하다고 한다. 그래서 시멘트의 단면(斷面)을 전자현미경으로 관찰을 해 보니까, 자화수를 쓴 편이 훨씬 치밀함을 알수가 있었다고 한다. 이것은 곧 내수성(耐水性)과 내한성(耐寒性)이 뛰어남을 뜻하는 것이다.

따라서 자화수를 쓰게 되면, 시멘트의 소비량이 크게 절약됨으로 매우 경제적이라고 할 수 있지 않나 한다.

③ 자화수는 습진능력(收塵能力)이 높다.

광산에서는 채굴을 하기 때문에 갱 안의 공기에 분진(粉塵)이 많이 섞이게 된다. 그 안에서 일하고 있는 사람들은 아무래도 분진을 숨으로 들여 마시게 되어서 폐를 못쓰게 되는 경우가 많다. 그래서 갱 안에서는 분진을 막기 위하여 수막(水膜)을 만들기도 하고 암석(岩石) 사이에 물을 흐르게 하기도 한다. 이것이 종래의 방법이었다. 그런데 그런 물로서 자화수를 이용했더니, 공기 속의 먼지의 분량이 3분의 1에서 2분의 1까지 낮아졌다고 한다. 즉, 자화수는 보통 물보다 공기 속의 먼지를 흡수하는 능력이 높았다는 이야기이다.

④ 자화수를 써서 만든 종이는 질기다.

종이란, 물에 녹인 종이섬유를 눈이 촘촘한 망사 위에서 몇번이고 걸러서 얇게 겹쳐서 만든다. 이 물에 자화수를 썼더니, 종이가 훨씬 질기다고 한다. 종이를 건조시키는 데도 시간이 단축되었다. 만들어진 종이를 보면, 보통 물을 쓴 종이는 섬유의 방향이 멋대로인데 비하여 자화수를 쓴 종이는 일정한 방향으로 배열(排列)되어 있더라고 한다.

⑤ 자화수를 쓰게 되면 천이 잘 염색이 된다.

목면포(木綿布)로 색깔의 염색 상태를 실험해 보았더니 40%정도 염색도(染色度)가 증가했다고 한다. 이것은 천의 섬유속에 염료가 좀 더 깊이 들어가기 때문이라고 생각이 된다. 포제품(布製品)의 품질 개량에 크게 이바지하고 있는 셈이 된다.

물의 오염의 원흉(元兇)이라고 말해지고 있는 공업폐수, 가정폐수를 정화시키는 데도 자기처리는 효과를 발휘한다. 폐수에는 여러가지 부유물, 화합물(化合物)이 섞여 있게 마련인데, 자기처리를 함으로써 즉, 폐수를 자화수로 만듦으로써 섞여 있는 물질들을 쉽사리 제거할 수가 있는 것이다.

예를 들면, 우크라이나 프라스틱 연구소에서는 생산 폐수를 자기처리함으로서, 정화도가 30%나 높아졌다는 결과가 나왔다고 한다.

또한 화학 콤비나트의 공업폐수는 시험한 결과, 불순물이 가라앉는 속도가 2배가 되어 침전한 것이 빨리 굳어진다는 사실도 밝혀졌다고 한다.

공업폐수나 가정폐수는 더럽혀진 그대로 강이나 바다로 흘려보낼 수는 없다. 일단 정화시킨 뒤에 배출이 되어야 하는데, 그러기 위해서는 불순물을 응고시키는 응고제가 사용되게 마련이다. 그러나 약품을 다량 투입시킴으로써 오히려 환경을 오염시키고, 제거할 수 없는 유해물이 물 속에 남게 되어 제2차 오염의 원인이 되어서 여러 나라에서 문제를 일으키고 있는게 사실이다. 이런 상태는 빨리 해소되지 않으면 안된다. 되도록이면 다량의 약품을 쓰지 않는게 바람직한데 그럴수 없는 것이 오늘의 실정이 아닌가 한다.

그런 점에 소련에 있어서 자화수(磁化水)에 대한 여러 가지 실험은 주목할만한 것이라고 생각이 된다.

문명의 발달, 과학의 발달에 의하여 물의 오염은 더욱 복잡해지고 복합화 되어 있는게 사실이다. 그런 오염된 물을 자기처리하여 자화수로 바꿔줌으로서 재빨리 본래의 깨끗한 물로 돌아가게 할 수만 있다면 한국에서도 환경청에서는 우선 첫번째로 이 문제를 생각해야 될 것으로 생각이 된다.

4. 고대의 물, 현대의 물

물이면, 물이지 고대의 물과 현대의 물이 다르단 말인가? 무슨 잠꼬대 같은 말을 하는가 하고 말할 분도 많으리라고 생각한다. 그러나 결코 그렇지가 않은데 문제는 있다. 몇만년 동안 얼어 있는 빙하는 고대의 물이라고 할 수가 있고, 오염되지 않은 가장 순수한 물인게 사실이다.

오늘날, 인류의 문명은 6천년 전까지는 거슬러 올라갈 수 있지만 그 이상 과거로 돌아가면 하나의 추측의 세계에 지나지 않는다.

지금으로부터 1만 2천년 전에 태평양 위에는 무우대륙이 있었고, 대서양에는 아트란티스 대륙이 있었다는 학설도 있으나, 모두가 전설에 지나지 않는다.

오늘날, 화석(化石)을 보면 1억년 이전 옛날에는 거대한 공룡들이 살고 있었는데 어느날 갑자기 그들은 멸망해 버렸다.

땅이 적은 한국에 살고 있는 소와 땅이 넓은 미국산 소는 그 몸집이 비교가 안되게 크다. 이런 거대한 공룡들이 살고 있었던 고대의 지구는 어쩌면 오늘날의 지구보다 몸집이 아주 컸으리라.

인간의 두뇌에는 150억개의 뇌세포가 있는데 현재의 인류는 5%에서 7%밖에 쓰지 않는다고 한다.

자연이란 필요없는 것을 만들지 않는 법인데 인간의 두뇌는 그 대부분을 일생동안 쓰지 않는다고 한다. 이것은 어느 때인지도 모를 아득한 옛날에는 인간은 150억개의 뇌세포를 전부 쓰던 시절이 있었던 것이 아닌가 하는 추측을 낳게 한다.

어느 저명한 인류학자가 주장한 학설에 의하면 지금부터 1만 5천년 내지 2만년 전까지는 인간은 뇌세포를 전부 활용을 했고, 그때의 인간의 평균 수명은 800살에서 1000살이었다고 한다. 그런데 어느날, 달의 크기의 4분의 1 정도 몸집을 가진 혜성이 지구와 대충돌을 함으로서 지구의 지축이 지금같이 기울어졌다고 한다.

그 전까지는 지구는 전체가 열대지방이었으며, 몸 부피도 지금보다 훨씬 컸었다고 한다.

그래서 이때 태평양 부분이 함몰이 되고 지구 규모로 화산폭발이 일어나서 지구의 내부 물질이 분출하여 거기에서 다량의 물이 생겨서 큰 바다를 이루게 되었고, 또한 표면적이 줄어 들어서 주름이 잡힌게 산맥이라고 한다.

호주에는 큰 산맥이 없는데 이는 호주는 대충돌이 일어나기 전의 상태 그대로 남은 유일한 대륙이기 때문이라고 한다. 이때 지구 위에는 거인족(巨人族)들이 살고 있었는데 이들은 전부 멸망을 했고, 일부 과학이 발달된 종류의 인간들은 재빨리 재난을 피하여 우주로 도망을 치고, 오늘날의 인류의 선조는 그때 살아남은 인간들의 자손이라고 한다.

이때 충격으로 인간의 뇌는 큰 충격을 받아 거의 전부를 쓰지 못하게 되면서 100년도 살지 못하는 단명족(短命族)이 된게 아닌가, 나는 생각한다.

물이란 본시, 기억력을 가진 살아 있는 유일한 물질인데 이 역시 큰 충격으로 말미암아 그 기억의 일부를 상실하여 육각형 꼴에서 지금의 피라밋꼴로 변하여 보통 물이 된것이 아닌가 생각한다.

육각형 모양의 한가운데 진공점(眞空点)이 있어서 전자력(電磁力)이 충전된 고대의 물을 마시던 고대인들은 150억개의 뇌세포를 전부 쓸수 있던 신과 같은 존재였었는데 물이 변하므로서 뇌세포의 대부분은 폐쇄회로가 되어 오늘날과 같은 단명(短命)한 인간으로 퇴화된 것이 아닌가 생각이 된다.

5. 물이 죽을 때, 모든 생명은 끝난다

물이란, 자연계에 존재하는 모든 물질 가운데 온도의 변화에 따라서, 기체(氣體)에서 액체로, 액체에서 고체(固體)로 그 모습을 바꾸는 유일한 물질이고, 거의 모든 물질을 분자 형태로 간직하여 동식물체에다가 운반해 주고, 동식물체의 배설물을 몸 밖으로 배출시키는 구실을 한다.

살아있는 물이란, 산소를 풍부하게 간직하고 있어야 하고, 동식물이 필요로 하는 각종 영양소와 미네랄 성분을 함유하고 있는 물을 뜻한다.

펄펄 끓인 물에는 산소가 없기 때문에 이는 곧 죽은 물이다. 끓였다가 식힌 물속에서 금붕어가 한 시간도 살수가 없는 것을 보면 알수가 있다. 그런데 끓인 물이 죽은 물임을 알고 있는 사람들은 그다지 많지 않다. 또한 인체에 해(害)로운 여러 가지 독물(毒物)을 함유하고 있는 물도 또한 죽은 물이다.

인류가 지금과 같이 물 오염에 대하여 세계적인 규모로 정화대책을 세우지 않는다면 우선 하천(河川)의 물이 죽게 되어 고기가 생존할 수 없게 될 것이고 나중에는 바다마저 죽게 되면 지구 위의 모든 생명은 따라서 모두 죽음을 면치 못하게 될 것으로 생각이 된다.

하늘에서 내리는 산성(酸性)비는 식물들을 말라 죽게 한다. 식물이 전멸하면 인간을 비롯한 모든 동물들이 잠시도 흡입하지 않고는 살수 없는 산소가 없어지게 된다. 그렇게 되면 어느날 갑자기 세계의 종말은 찾아오리라고 생각이 된다. 지구 위의 모든 생명체들은 물의 도움 없이는 잠시도 살 수 없는데 그 물이 죽어버린다면 지구의 종말이 옴은 너무나도 당연한 일인 것이다.

지금과 같은 속도로 자연계(自然系)가 인간이 만들어 낸 각종 독극물로 오염이 되게 되면, 식물을 키워내는 땅도 죽게 되고, 하천도 바다도 생명이 존재하지 않는 곳으로 변하게 될것은 너무나도 분명한 일이다.

6. 기억력을 지닌 상념파동수(想念波動水)인 '옴 진동수'

나는 지금까지 이 지구에서는 아무도 몰랐던, 전혀 새로운 물리적인 성질을 지닌 상념파동(想念波動)에 의하여 '옴 진동수'를 만들어 내는 방법을 발견하게 되었다.

물의 분자는 간단한 것을 기억할 수 있을 뿐만 아니라, 인간 레벨의 상당한 지식까지도 주입 기억할 수 있는 컴퓨터와 같은 물리적인 성질을 갖고 있다는 발견은 정말 대단한 것이라고 생각이 된다.

여기서 이야기는 조금 바뀌지만, 이 우주창조의 태초(太初)의 비밀을 알려 주고, 그것이 '옴'의 상념파동(想念波動)과 어떤 관계가 있는지 잠시 이야기해 보고저 한다.

지금으로부터 2백억년 가까운 아득한 옛날, 이 우주는 캄캄하고 혼돈된 존재였다고 한다. 그때 어디로 부터인지 빛의 우주가 가까이 다가와서 암흑우주(暗黑宇宙)와 대충돌을 일으켜서 '옴'의 대진동음(大振動音)과 함께 빛이 태어나고 (즉 창조주가 탄생하고) 그로부터 오랜 세월에 걸쳐서 지금의 물질우주가 만들어졌다고 한다.

그래서 요가 철학(哲學)에서는 '옴'은 창조주의 이름이라고 말해지고 있는게 아닌가 한다. 간단하게 이야기하면, '옴'의 진언(眞言) 속에는 우주창조의 온갖 비밀, 사랑과 지혜와 힘의 파동이 깃들여 있는 것이라고 생각이 된다. 또한 물이란, 창조주의 능력을 가장 간단한 모습으로 나타낸 생명의 운반꾼이기도 한 것이다.

생각해 보라.

물 없이는 이 우주에 생명을 유지시켜 줄 수 있는 존재는 없지 아니한가. 물, 그 자체는 선(善)도 악(惡)도 아니라고 생각한다. 단지, 음양(陰陽)의 우주 에너지가 물질화 된 것에 지나지 않는 셈이지만, 지구 위에 존재하는 거의 온갖 원소들을 그 분자 속에 녹여서 운반할 수가 있는 것이다. 그리하여 물은 생명수가 되기도 하고, 또한 독수(毒水)로 변신하기도 하는 것이다.

보통 생수에다가 '옴'의 진언파동(眞言波動)을 쪼인즉, 그 물은 하나님이 만드신 생명수로 변신하게 되며, 나는 '옴 진동수'를 상념파동에 의하여 새로 만들어진 기적의 물이라고 믿는다.

'옴'의 진언을 진동음으로서 카세트 테이프에 녹음하여, 그 진동음을 재생시켜서 주전자에 담은 생수에 쪼이면, 생수는 기적의 생명수로 변하는 것이지만, 그 '옴 진동수'가 지닌 물리적인 성질을 간단하게 소개하여 볼까 한다.

1. '옴'진동을 되풀이 해서 쪼인 물은 보통 생수보다 무거운 중수(重水)가 된다. 보통 물도 3도에서 6도 사이에는 육각형이 된다고 하는데 '옴'진동을 쪼인 물은 대체로 온도가 낮으며, 나의 생각으로는 육각형 모양의 물 한가운데 진공점이 생기어 전자력이 충전된 물이 되는게 아닌가 생각된다.

3000g의 물이 3030g으로 변했다는 실험보고도 있다. 몸 안의 노폐물질과 결합하는 힘이 강한 물인게 분명하다. '옴'진동수로 세수를 시키면 거의 예외 없이 얼굴빛이 하얗게 변하곤 하는데 이는 피부 밑에 고여 있던 색깔 있는 개스가 빨려나가기 때문이라고 생각된다.

간장이 나쁜 사람은 얼굴빛이 검붉게 마련인데 이런 얼굴 빛이 하얗게 변하는 데는 정말 놀라지 않을 수 없었다. 이른바 원자구조(原子構造)가 다른 특수한 물로 변하는 것으로 여겨진다. 지금은 단순한 나 혼자만의 주장에 지나지 않지만, 언젠가는 과학적으로 이런 사실이 증명이 되리라고 생각한다.

2. 이 '옴 진동수'를, 매일 일정한 분량을 오랫동안 마시게 되면, 체액(體液)이 정화된다. 개스가 많이 나온다든지, 변비가 없어진다든가, 잠이 많이 온다든가, 얼굴빛이 차차 밝아지는 것으로 보아 체질이 차차 개선된다는 것을 알 수가 있다.

고혈압 · 저혈압 · 당뇨병이라든가, 재생불능성빈혈(再生不能性貧血) · 백혈병(白血病) 등이 완치된 예는 많다. 암 같은 중병도 아직 수술을 받지 않은 비교적 초기의 환자는 치유된 예가 많다.

3. 선천성 뇌성마비의 어린이도 1~2년 동안 '옴 진동수'를 꾸준히 마시므로서 (이런 경우에는 스피커를 사용한 옴 진동 치료도 병용해야만 한다.) 점점 정상인 어린이로 변한 예가 많다.

현대의 불치병 가운데 하나인 자폐증(自閉症)도 완치된 예가 있음을 알려 준다. 이런 병은 대부분이 영혼이 빙의되어 생기는 병이기에 환자의 사진에다가 진동수를 적신 타올을 올려 놓고 진동 치료를 해서 좋은 결과를 얻은 예가 있다. 정신병의 경우도 마찬가지이다.

열대산(熱帶産)인 잉꼬새가 유전자(遺傳子)가 바뀌어서 영하 10도 이하의 추운 겨울을 아무런 보온장치 없이 마당에서 여러 해 겨울을 무사히 넘긴 예도 있다. 이것은 유전자가 바뀌어서 한대산(寒帶産)의 새로 변신한 탓이라고 밖에 설명이 되지 않는다.

4. '옴 진동수' 장기복용에 의하여 성격이 원만해지고, 보통 사람이 우주의식에 눈뜬 초능력자로 변신하게 된 예도 있다. 겉으로 보아서 머리통의 모양이 바뀌었다든가, 나와 같이 쉰살이 넘어서 키가 커진 예도 있다.

5. 흔히 할 수 있는 간단한 식물실험으로서 '옴 진동수'를 넣은

꽃병에 꽃을 꽂으면, 꽃 그 자체는 보통의 생수를 쓴것 보다 3배 가량 수명이 길어지며, 잎사귀는 바싹 말라서 재가 되다시피 한다. 에너지가 너무 많은 탓이 아닌가 생각이 된다.

6. 나쁜 외기(外氣)에 쪼이면, '옴 진동수'는 나쁜 외기를 재빨리 흡수해서 보통물 보다 빨리 못쓰게 되나, 병에 넣고 밀봉을 하게 되면 한달 이상 신선도를 유지한다.

7. '옴 진동수'는 물맛이 달콤하여 마시기가 아주 좋다고 한다. 질이 나쁜 물도 '옴 진동'을 쪼이면 그 안에 포함되어 있던 물질이 기체(氣體)로 변하여 증발해 버리는 것이다.

8. 백혈병에 걸린 중병환자로서, 방사선 치료를 받은 결과 그 부작용으로 곧 죽게 되었던 환자가 '옴 진동수' 복용과 함께 완치된 예가 있다.

또한 맹독성(猛毒性)의 액체로 된 쥐약을 다량으로 마셔서 온몸에 독이 퍼져서 4시간 안에 틀림없이 죽는다고 선고받은 환자가 '옴 진동수' 복용에 의하여 아무런 부작용없이 회복된 예도 있으며, 자살하려고 농약을 마셨던 사람도 목숨을 건진 예가 있다.

9. '옴 진동수'를 마시면, 뚱뚱한 사람들은 일반적으로 식욕이 없어지고, 몸이 여위게 된다. 필요치 않은, 여분으로 저장된 피하지방산(皮下脂肪酸)이 연소되어, 몸에 필요한 에너지를 공급하여, 그 때문에 식욕이 없어지는게 아닌가 생각이 된다.

그러나 이런 경우에도 공복감(空腹感)은 거의 느끼지 않는다는 이야기이다. 몸도 아주 원기왕성함은 물론이다. 현대인의 대부분이 여러 가지 성인병을 앓게 되는 참된 원인의 대부분은, 과식과 몸이 필요 이상으로 비대해지는 탓이라는 이야기도 있다. 식이요법을 하는 괴로움이 없이 여윈다는 것은 정말 좋은 일이 아닌가 생각이 된다.

이와 반대로 바싹 여윈 사람은 식욕이 왕성해지고, 정상 체중이 되면 식욕이 감소되었다는 보고 예가 많다.

제 6 장
나는 누구인가?

1. 기구한 나의 운명

나는 올해(1991년) 9월 19일로서 회갑이 되었다. 강증산 선생은 그 생일이 음력으로 신미년(辛未年) 9월 19일인데 나는 양력으로 이 역시 신미년 9월 19일이 된다.

또한 그는 39세에 도통을 했는데 나도 39세에 도통을 했다. 우연치고는 너무도 이상한 일이 아닌가 생각이 된다.

지나 온 60년의 세월을 두고 볼때, 나는 꼭 10년이 한 주기(週期)가 되어서 운명이 바뀌어 온 것을 알 수가 있다.

10대에는 나는 요즘 흔히 말하는 심한 자폐증(自閉症)을 앓고 있었던 것으로 생각이 된다. 그때는 자폐증이라는 용어(用語) 자체도 없었고, 부모들은 가난한 생활을 꾸려나가기 바빠서 큰 아들이 정신장애가 있는지 없는지 살펴볼 겨를도 없었던게 사실이었다. 나는 말을 거의 하지 않았고 항상 우울한 기분으로 살았던 것으로 기억한다.

내가 잘못 태어났다는 느낌 속에서 나는 항상 죽음을 생각하곤 했었다. 국민학교도 들어가기 전에 곤히 잠들어 계신 아버지의 얼굴을 지켜보면서 죽음이 무엇인가 골돌히 생각했던 기억이 지금도 새롭다.

국민학교에 입학한 뒤에도 성적은 거의 꼴지에 가까웠다. 공부를 하지 못한다고 아버지에게 늘 꾸중을 들었고, 항상 어딘가 아프지 않은 날이라고는 없었던 것으로 기억한다.

항상 머리가 빠개지는 것 같이 아파서 무슨 생각을 제대로 할 수가 없었고 항상 기분은 우울하기만 했었다. 또 걸핏하면 코피가 나곤 했었다.

지금 생각하면 나는 어린 시절, 상당히 혈압이 높았던게 아닌가 생각이 된다. 항상 머리가 아팠던 것이라든가, 코피가 자주 났고, 또 코피가 나기 시작하면 여간해서 멎지를 않았다. 일종의 혈우병(血友病)과 같은 증세를 지니고 있었던 것으로 생각이 된다.

하도 자주 병치레를 하니까, 단골 의사는 20살까지 자라기가 힘들 것이라는 이야기도 했다고 한다. 또 걸핏하면 피부에 종기가 생겨서 곪곤 했었다. 한마디로 말해서 병주머니였다. 살고 싶다는 생각이 별로 없었던 것으로 기억한다.

"너는 못났다, 커서도 사람 구실을 하지 못할 게다."

이것은 늘 아버지로 부터 귀에 못이 박히도록 들어온 소리였다.

내자신이 생각하기에도 나는 똑똑하지가 못했고, 사람들 앞에 나가는게 항상 까닭없이 두렵기만 한 내 자신이 싫었다.

특별한 재주가 있는 것 같지도 않았다.

나는 내가 태어난 이유가 무엇인지 그것이 항상 알고 싶었다. 몸이 늘 아프고 마음이 우울하기만 하니, 나는 어린이지만 어린이가 아니었던 것으로 생각한다.

그러던 나에게 열세살 되던 해, 국민학교 5학년생이 되던 그 해 여름에 하나의 큰 전기(轉機)가 찾아 왔다.

나의 첫번째 시집(詩集)인 《사랑과 슬픔의 강물을 넘어서》에 실려 있는 하나의 산문시(散文詩)를 소개하여 볼까 한다.

13 숫자

13이라는 숫자는 서양인이라면 누구나 싫어하는 숫자
어느 호텔에도 13층은 없다.

그러나 나에게는 13은 행운의 숫자
동민은 13획이고 오래 전에 작고하신 春園先生께서
나의 부모님의 주례를 서주실 때
큰 아들로서 미리 지어 주신 이름,
나는 동쪽 나라 백성들을 편안하게 하라는
명령을 받고 태어난 영혼임을 의심치 않는다.
그러나 나의 부모는 불행한 결혼생활을 했고
젊은 시절의 아버지는 아무렇지도 않은 일로도
나의 어머니를 구타했다.

나는 태어났을 때 부터 어른의 마음을 가진
이상한 아이였다.
나는 어머니를 사랑하고 의지했고
어머니 또한 나를 사랑하고 의지하셨기에
긴 인고의 세월이 끝나면
언젠가 큰 아들인 내가 효자가 되어서
행복한 말년을 보낼 수 있으리라는 기대속에서
온갖 고통을 참고 견디셨다.

13세가 되던 해, 나는 맹장에 걸렸다.

최초에 찾아 간, 지금은 작고하신
유명한 의사 선생님은 회충때문에 일어난 증상일뿐,
맹장은 아니라고 하셨다.
하루 입원한 뒤 나는 퇴원을 했다.

다음날 또다시 내 창자는 뒤틀리는
고통을 겪어야만 했다.
'아버지 맹장이에요 살려 주세요'
하고 나는 애원했으나
처음 진단한 의사의 진단을
너무나 믿으신 아버지는
들은채도 하지 않으셨다.

배는 끊어 질듯이 아픈데
나를 사랑하는 아버지도 몰라 주시니
결국 인간은 알고 보면 모두 타인이며
자기 목숨은 스스로 지키는 수 밖에 없다고
나는 깨달았다.

내가 방안을 딩굴며 너무나 아파하기에
아버지는 마지못해 나를 데리고
어머니와 함께 병원엘 가셨다.
삼청동에서 낙원동 병원까지
나는 쉬며 쉬며 걸어야 했다.

의사 선생님은 간단한 진단 끝에

이미 복막염이 되었으니 살릴 길은 없다고 하시고
수술을 거부하셨다.

이때 아버지에게는 많은 어린 자녀가 있었고
폐간된 동아일보 정리부장으로
그때 당시의 일본 돈 2,000엔이 전재산인 상태였다.

수술비용은 1,000엔이라고 했다.
아버지는 말씀하셨다.
'너는 나의 큰 아들이다.
하지만 살 가망도 없다는 너를 위해서
1,000엔을 쓴다면 나머지 식구들의
생계가 막연하다.
다른 가족들을 위해서 그냥 돌아가자,
죽고 사는 것은 하늘의 뜻, 네가 이렇게 된것도
모두 하늘의 뜻이니
난들 어쩌하랴!'
하시며 내 손목을 붙잡고
눈물을 흘리셨다.

그러나 어머니의 입장은 달랐다.
지금은 비록 불행한 부부생활을 하지만
언젠가 큰 아들이 어른이 되면
행복한 말년을 보낼 수 있으리라는
기대 속에 사신 어머니셨다.

어머니는 울부짖으며 아버지에게 하소연을 했다.

'그래도 이 아이는 큰 아들인데 부모로서 살릴 노력도 안하고 그대로 죽게 할 수는 없지 않습니까? 돈 1,000엔은 크지만 아들의 목숨과 바꿀수는 없지 않습니까? 마음을 돌리셔서 수술을 하게 해주세요.'

그러나 아버지는 너무나 이성적인 분이셨기에
내 손목을 잡고 병원문을 나서려고 하셨다.
이때 나는 의사 선생님을 향하여
질문을 했다.
'선생님, 수술을 하면 어찌 됩니까?'
'이미 때를 놓쳤으니 죽는 수 밖에 없다.'
'그러면 수술을 하면 마취는 하시나요?'
'그야 그렇지.'
'그러시다면 수술을 안한다면
죽는다는 것을 순간 순간 느끼며
죽을 수 밖에 없고,
수술을 한다면 혹시 살지도 모른다는
희망을 갖고
편안히 죽을 수 있지 않습니까?
선생님, 부탁합니다.
저에게 한가닥 희망을 가지고
편안히 죽도록 하여 주십시오.
혹시 살아난다면
이 은혜는 평생을 두고
모든 사람들에게 갚겠습니다.'
하고 어린 나는 흐느껴 울었다.
허나 의사는 대답했다.

'너의 아버지의 승낙없이 수술을 할 수 없고,
또 우리 병원 방침은
꼭 죽을 사람은 수술은 하지 않으니
나로서도 어쩔수 없다.'
그 순간이었다.
무엇인가 내 마음 속에서
화산 같은 분노가 폭발했다.
나는 나도 모르게 소리쳤다.
'당신은 의사요, 인간의 목숨을 건지는 것이
의사의 사명이 아니오?
당신이 하나님은 아니지 않소.
아직 살아 있는 아이에게 사형선고를 내리시오?
만일 수술을 받지 못하고 이대로 죽는다면
나는 원한귀가 되어서
당신 뿐만 아니라 당신의 가족들을 모두
불행하게 하겠오.'

그것은 분명 내 목소리는 아니었다.
우뢰와 같은 낮선 목소리였다.
의사의 얼굴은 새파랗게 질렸고
나는 수술실에 실려 들어갔다.
부분 마취를 한 상태에서 배를 가르니
과연 의사 선생님의 말씀 그대로
맹장의 반은 이미 썩어 있었고
나머지는 행방을 알 수 없었다.
창자는 이미 썩어 가고 있었고

썩은 창자는 15센티를 절단해야만 했다.

밝은 전등 불빛 아래 내 내장은 전부 꺼내졌고
썩어가던 나머지 맹장을
척추 근처에서 찾아냈으나
의사 선생님의 말씀이 5분만 늦었다면
어떤 명의도 나를 살려낼 수는 없었으리라고 하셨다.

부분 마취는 5분 만에 효력을 잃었고
나는 두시간 이십오분을
마취 안한 상태로 수술을 받아야만 했다.
몸을 갈기갈기 찢는 고통
신음소리를 낸다고 아픔이 가실리는 없는 것
나는 이를 악물고 끝까지
신음소리 하나 내지 않고 수술을 끝내고
병실에 올라 간 순간 의식을 잃었다.

이때 나는 내 결심과 판단으로
죽을 목숨을 건졌다는 자부심을 가졌고
항상 아버지에게 얻어 맞으며
'너는 커서도 사람구실을 하지 못할
저능아' 라고 귀에 못이 박히도록 들었던
열등감에서 해방이 되어
오늘의 나를 만드는 원동력이 되었다.

이때 나를 살린 또 하나의 동기는

아버지에 대한 불길 같은 증오였다.

'하늘이 나에게 다시 살 수 있는 기회를 주셨으니 나는 1,000엔으로 아들의 목숨을 포기하는 그런 인간은 되지 아니하리라. 아버지 보다 백만배 훌륭한 인간이 되어 많은 사람들에게 사랑을 베푸는 인간이 되리라.'

이때 나는 변했고,
저능아에서 갑자기 우등생이 되어
경기중학에 당당히 입학을 할 수가 있었다.
13이라는 숫자는 모두가 싫어하는 숫자
어느 호텔에도 13층은 없다.
그러나 지금 나는 알고 있다.

우리 태양계는 태양을 중심으로
12개의 별이 돌고 있으며,
나머지가 아직 발견되지 않았을 뿐이라고
굳게 믿는다.

13자로 이름을 지어주신
춘원선생의 은혜를 나는 평생 잊을 수 없고
이름에 부끄럽지 않은
인간이 되기로 하늘에 맹세했다.

13은 모두 불길한 숫자라고 하지만
나에게는 새로운 목숨을 준 숫자
나는 13숫자를 끝없이 사랑한다.

열세살 어린 소년이 처음으로 죽음과 대결하여 목숨을 건진 자신감이 결정적으로 나의 열등감을 극복시켜 준것 같았으나 사실은 그렇지가 못했다.

그뒤 나는 평생토록 거의 최근에 이르도록 이 남다른 열등감 때문에 많은 고통을 받아야만 했던게 사실이다.

6·25때 잠시 미군 부대에 종군해 본 것만이 나의 유일한 직장생활이었고, 그뒤 나는 한번도 남의 밑에서 일해 본 일이 없는 사람이다.

현실적으로 볼 때, 나 같은 경우는 매우 드물지 않나 생각한다. 아내의 말에 의하면 당신과 같이 팔자 좋은 사람도 없다고 하나, 내 입장은 결코 그렇지가 않았다.

다른 사람들과 같이 사회에 참여하여 살고 싶었으나, 그 소원은 내 마음 속에 간직되어 있을 뿐, 결코 이루지 못할 꿈이 되고 말았다.

중학 1학년 시절, 나는 남달리 다감(多感)한 소년이었다. 장차 무엇을 해야만 할것인지, 어떤 사람이 되어야 할 것인지 아무리 생각해도 그저 막연하기만 했다.

그럴 무렵, 나에게 하나의 기회가 찾아 왔다. 다음은 소년시절이라는 제목의 이 역시 산문시(散文時) 한편을 소개하여 볼까 한다.

소년 시절

중학 1학년 시절
나는 아무런 투기가 없는 평범한 학생이었다.

분명 겨울방학 때였다고 기억한다.

숙제로 그날치기로 쓴 일기가
국어 담임이었던 L선생의 눈에 띄어서
'安東民, 너는 노력하면 작가가 될 소질이 있다'고 하셨다.
반 아이들 앞에서 이런 칭찬을 듣는 것은
처음 있는 일이었기에
나는 내귀를 의심했다.
그러나 그때까지 나는 단문에는 소질이 있었으나
단 한번도 글다운 글을 쓴 일이 없었고
문장에는 전혀 자신이 없는 소년이었다.
그러나 L선생이 칭찬한 이상
무슨 근거가 있으리라고 믿었다.

곰곰히 생각해 본 결과
나는 이날부터 꿈을 기록하기로 했다.

나는 예나 지금이나 꿈을 많이 꾸는 편이요,
또 그때마다 잠을 깨는 버릇이 있었다.
나는 머리맡에 연필과 노트를 놓고 잤다.
꿈에서 깨면 즉시 기록을 한다.
아침에 눈을 뜨면 꿈 내용은
생각이 나지 않게 마련이지만
노트를 보면 기억이 되살아 난다.

나는 또한 자기가 혼자 생각한 것을
입을 다물고 그대로 기록하는 훈련을 했다.
또 식모들의 편지를 즐겨 대필해 주고,

상대편의 마음이 되어서 글을 썼다.

이런 노력을 한지 3년째 되던 어느날
나는 갑자기 《소년의 죽음》이라는 소설을 쓰게 되었고
이 글은 교내잡지에 실려서 화제가 되었다.
다음 4학년 때에는 《女流文士》라는 중편을 썼다.

(後略)

6·25사변이 나자, 시골에 달리 일가 친척이 없던 나는 끝까지 서울에서 버티어야만 했고, 9월 초순 들어서 의용군(義勇軍)으로 끌려 나가게 되었다. 그 뒤 십여일 동안 수용소에 갇혀 있다가 이북으로 끌려가는 길에 탈출을 했으나, 다음날 집안을 수색당한 끝에 또 잡히고 말았다. 이때, 나는 또다시 두번째로 죽음과 대결해야만 했다.

길고 긴 순간

6·25 동란 중, 시골집이 없는
우리들은 서울에서 떠날 수가 없었다.
나는 결국 마지막 판에 인민군에게 붙잡혀
의용군으로 끌려 갔다.

38선을 넘기 직전에 나는 탈출을 했다.
무사히 집에까지 온 것은 좋았으나
이번에는 다음 날, 가택수색 때
그들에게 잡히는 신세가 되었다.

마지막으로 서울을 퇴각하는 그들 부대에
나는 끌려 갔다.
'너, 탈주병이구나! 총살이다.
마침 미군에게서 뺏은 권총이 있으니
이것으로 시험사격을 해야겠다.'
내 귀에 권총이 당겨졌다.
'마지막으로 할 말이 있거든 하지.'
순간, 나는 이렇게 대답을 했다.
'저는 전쟁이 나기 전에는 단순한 기회주의자였지요.
그러나 뒤늦게 깨닫고
의용군에 자원했으나
보시다시피 몸이 약해 집으로 돌아가라는 명령을 받았습니다.
저는 조국에 봉사할 길을 잃어서 억울합니다.
그러나 살려달라고는 하지 않겠습니다.
죽이시려거든 한방에 죽여 주세요.'
하고 나는 눈물을 흘렸다.
총을 귀에다 댔던 장교는 갑자기 웃었다.
'동무같이 정직하고 용감한 젊은이는 처음 보았다이,
가보시랑게.'

이래서 나는 목숨을 건졌다.
이때에 하늘의 보살핌이 있었음을
나는 결코 잊지 않는다.

2. 아내와의 만남

사람이 일생을 살아가는데 있어서 어떤 시기에 어떤 사람을 만나게 되느냐에 따라서 그 뒤의 그 사람의 운명이 바뀌게 되는 경우가 있다.

나의 경우, 아내하고의 만남이 바로 대표적인 예가 아닌가 생각이 된다.

만일 그 시기에 지금의 아내를 만나지 않았더라면 나에게는 지금의 아들 딸도 없으려니와 아내하고의 행복했던 10년 세월도 누리지 못했을 것이고, 오늘날의 나와 같이 심령능력자로 변신하는 일도 없었으리라.

이제 《변신(變身)》이라는 산문시 한편을 소개해 보고저 한다.

變身

나는 스물여섯이 되도록
아무에게도 사랑 받은 일이 없었다.
나는 내 자신이 가장 매력없는 추남이요,
괴물인줄 굳게 믿었었다.
그래서 나는 괴물 같은 사나이
오손 웰즈를 나의 마스코트로 삼았다.
그도 일류 명배우가 되었는데

난들 가능성이 없겠느냐고
그것이 나의 유일한 희망이었다.

대학에 들어가던 해 경향신문에
《聖畫》가 입선되어 동급 여대생들의
다소의 관심을 끌게 된게 어찌나 기뻤던가
마치 천국에 오는 느낌이었다.
그러나 나의 구애를 받아 준 여인은
단 한명도 없었다.

나의 마음은 또다시 고독지옥의 주인공이 되었고,
당선작가가 되었건만
어느 잡지사에서 수필 하나
청탁하는 곳도 없었다.

때는 6·25 동안 중 부산 피난시절
신문 연재소설에는 삽화도 없었고
재수없는 출판사를 만나서
내 책은 길거리에서 먼지를 뒤집어 쓰는
이른바 덤핑책이 되어서
수십만 권이 팔렸건만
내 손에 쥐어진 인세는
단돈 2000 환일 뿐

어느 때인가 J신문에
내 소설을 읽고 자살한 여인의

기사가 실린 일도 있었지만
한번 거리의 창녀 신세가 된
내 작품은 구제될 길이 없었다.

내 작품을 뽑아 준 경향신문사에서도
그 뒤 삼십 년이 넘도록
수필 하나 실어 준 일은 없고
언젠가 보니 내가 그 신문에
뽑힌 기록조차도 사라져 없었다.

나는 살아 있되 죽은 자요
작가이되 거리의 창녀에
지나지 않을 뿐이었다.
나에게 글을 쓸 기회는 주어진 적이 없었지만
나는 여러 출판사와 교섭하여 오늘날 150권

5개 국어로 책을 내었지만
문단의 고아 신세는 여전했고
P.E.N클럽 선거 때만 투표자로서
잠시 작가가 된 것 같은
착각을 경험할 뿐이었다.

스물 여섯 되던 해 나는
지금의 아내를 만났다.
특별한 미인도 아니다
처음으로 나에게 마음의 문을 열어 준 여인이었다.

나는 하늘이 아직 나를 버리지 않았음을 감사하고
그녀에게 구혼을 했다.

10월달, 낙엽이 구르는
덕수궁 벤치에서
그녀는 이야기했다.
자기는 결핵환자요 일생동안 결혼을 해서 안 된다는
의사의 선고를 받은 몸이라 했다.

천국에 올랐던 내 마음은 또다시
지옥에 떨어졌다.
그러나 아침이슬같이 순간적인 것이나마
나에게 사랑의 기쁨을 맛보게 해준 고마움은
나에게는 말할 수 없이 큰 은혜였기에
나는 회색빛 하늘을 향하여 맹세를 했다.
'그녀에게 일생 동안 바치려던 사랑
거두어 가셨으나 이 고마움을
앞으로 무엇으로나
내 도움이 필요한 이들에게 대신 갚으오리다.'
이것이 그녀와의 첫번째 이별이었다.
나는 눈물 콧물을 흘리며
낙엽지는 덕수궁 뜰을 산책한 뒤
그녀와 헤어졌다.

집에 돌아와 생각하니
나는 받은 것도 없는데 평생을

사랑의 사도로 살겠다고 하늘에 맹세한 내 자신이
한없이 어리석게 느껴졌고
까닭모를 분노가 화산처럼 폭발했다.
'하늘이여, 저의 맹세는 취소하나이다.'
마음속으로 울부짖은 순간
환하던 방안은 갑자기 암야가 되고
나는 스스로 고독지옥 속에 있음을 알았다.
하늘에 대한 맹세는 결코 취소될 수 없는 것.
두려움에 떤 나는 다시 맹세를 했다.
그 순간 방안은 다시 환해지고
나는 현실에 돌아왔음을 느꼈다.
이때 느낀 마음의 평안
나는 영원히 잊을 수가 없었다.

그 다음날부터 이상하게도
나에게 남을 도울 일만 생겼다.
하늘에 한 맹세가 얼마나 무서운가 나는 몸서리치며
할수없이 사랑의 사자가 될 수밖에 없었다.

그 뒤 일 년이 지난 뒤 나는 종로 거리에서
복사꽃빛으로 두 뺨이 빛나는 그녀를 만났다.
나는 처음에 내 눈을 의심했고
이어 기쁨의 소용돌이 속에 말려들어가
하마터면 지나가던 택시에 치일 뻔했다.

일주일에 걸친 꿈같이 즐거운

데이트가 계속되었고
이때 나는 천국의 일등국민이었다.

집에서도 결혼 이야기를 서둘던 때라
나는 그녀에게 정식으로 청혼을 했다.
양가 집안 어른이 만나기로 한 아침
그녀의 언니에게서 전화가 왔다.
심한 각혈을 했으니 오늘의 만남은
영원히 없었던 것으로 하자는 이야기였다.

나는 또다시 암흑지옥의 주인공이 되었고
늘 병약한 어머니 때문에
불행했던 아버지께는
어디 처녀가 없어서 결핵환자와 결혼하려느냐는
혹독한 꾸지람을 들었다.
나는 얼굴을 들지 못하고 오직
부끄럼과 분노에 몸을 떨 뿐이었다.
나는 그녀를 내 마음속에서
영원히 지우는 수밖에 없었다.

그 뒤 일 년의 세월이 흐른 뒤
친구의 소개로 나는
E대학 조교로 있는 여인과 약혼을 했다.
이제야 사내구실을 하고
평범한 인간의 즐거움을 찾나 보다 했다.
그러나 약혼 뒤 한 달이 지나는 동안

나는 깨달았다.

그녀가 나에게는 맞지 않는 여인이요
서로가 불행해지고
나는 무능한 사내가 되거나 난폭한 인간으로
알콜 중독자로 일생을 마치리라는 것을 알았다.
허나 어찌하랴 때는 늦은 것을.
나는 죽어도 그녀를 버릴 수는 없다고 생각했고
내가 그녀에게 멋지게 버림받는 것만이
한때나마 배우자로 생각했던
여인에 대한 예절이요 또 그녀의 마음에
상처를 주지 않는 것이라고 느꼈기에
어느날, 그녀가 나에게 결정적인 모욕을 준 날
처음으로 화산 같은 분노를 폭발시켰고
한 달 동안 서로 반성하는 뜻에서
만나지 않기로 약속을 했다.

일주일이 지났을 무렵
그녀에게서 전화가 걸려 왔다.
나는 기뻐서 어쩔 줄 모르며
그녀를 찾았다.

그녀가 한 첫마디는
'미스터 安이 내가 보고 싶어서
병이 날까봐 불렀노라'고 했다.
나는 우리가 헤어질 결정적인 순간이 왔음을 알고

'이 쌍년아, 사람을 무시해도 분수가 있지,
너는 약속을 어기고 나를 모욕하러 불렀느냐'
하며 약혼선물을 내던졌다.

그녀는 태연했다.
여전히 비웃는 얼굴이었다.
'이렇게 된 이상 부모님 앞에서 헤어지자'고
나는 제의했다.
그녀는 할수없이 그녀의 어머니를 불렀다.
'댁의 따님이 약혼을 파기하겠다고 하나
이 결혼이 아무쪼록 성립되도록 엎드려 부탁합니다.
저는 사내라 창피는 하지만
댁에서는 첫딸인데 이렇게 되면
동생들의 결혼에도 지장이 있을 겁니다.'
그리고 서로 한 달의 여유를 가졌으나
결국 그녀로부터 당신같이 무식하고 예의 모르는 인간과는
결혼할 수 없노라는 선고를 받았다.
나는 '헤어진 이상은 인연이 없는 탓이니
다시는 돌아보지 맙시다'
하고 그녀와 헤어졌다.

나는 결혼을 단념하고
미국 유학 수속을 했다
그러던 어느날,
어디서 많이 들은 목소리의 여인에게서
전화가 걸려 왔으나

나는 그녀가 누군지 알 길이 없었다.

몇번째 전화였던가
그녀가 먼저 헤어진 여인이고
아직도 독신임을 알았다.
나는 나를 잊지 않고 전화해 준 것을 감사하고
그녀와 다시 재회를 했다.

그녀는 건강하고 날씬한 모습으로
내 앞에 나타났다.
나는 내 눈을 의심하지 않을 수 없었다.
'사실은 집안식구들이 하나같이 당신과의 결혼에 대해
무명작가와의 결혼은 고생길로 들어간다고 반대를 했으나
당신의 마음에 상처를 주는 게 너무나 가슴이 아파서
본의 아닌 거짓말을 했노라'고 했다.

그 순간, 기쁨에 앞서 나는
나의 한없는 어리석음을 자탄하고
이 세상에 나와 결혼하겠다는 뜻을 가진 여인은
그녀 하나뿐이니
평생을 독신으로 지내지 않기 위하여 쾌히 승낙을 하고
우리는 하나의 부부가 되기로 했다.

어느날 나는 동서에게
그녀가 나를 받아 준 고마움을 이야기했다.
그는 웃었다.

'자네는 세상을 몰라도 너무 모르네.
그러니 작가로서 성공 못할 것은 당연한 일일세.
사실 처제에게는 죽고 헤어지지 못할 애인이 있었지만
여러 가지 사정으로 헤어진 거지.
자네가 첫 애인은 아니네.
하지만 자네와 알기 전의 일이니
안 들은 것으로 해주게나.'
나는 이 순간
또다시 자신의 순진함이 저주스러웠고
지옥의 수인임을 느꼈지만
모든 것을 꿀꺽 삼키기로 했다.

결혼을 결심했지만
이번에는 아버지의 승낙이 문제였다.
아버지는 의절을 하겠다고 하셨고
호적에서 말살하겠다고까지 하셨지만
그때까지 어쨌든 나를 사랑했고
결혼을 승낙한 것은 그녀뿐이었기에
나는 집을 나와 처가살이를 하기로 했다.

그녀와의 결혼식날
이발소에 가는 길에서
나는 이상한 소리를 들었다.
'너는 그녀와 결혼하면
몇 번의 죽음의 고비를 겪을 것이나
10년은 행복하리라.

10년 뒤에는 저승사자가 데리러 올 테니
그 각오가 있으면 결혼을 하라'
하는 소리였다.
나는 결심했다.
누가 내일의 목숨을 알랴!
'10년만 행복할 수 있다면 나는 기꺼이 죽으리라.'
웨딩마치는 울리고 우리는
한쌍의 부부가 되었다.

한 달 뒤 나는 발진티포스에 걸려서
사경을 헤매야만 했다.
이때 또다시 이상한 소리가 들렸다.
'이번에는 살려 주나 5년 뒤, 10년 뒤에는
틀림없이 저승사자는 그대를 데려가리라.'
아내의 헌신적인 노력 덕으로 나는 정말 다행히
죽음의 세계에서 돌아올 수가 있었다.
나는 아내의 사랑을 받는 대가로
수없는 사람을 돕는 일에 기쁨을 느끼며 살았고
5년 뒤 사건이 있어서 나는 엉뚱한 남의 일을 도우려다
하마터면 철창 신세가 될 뻔했다.

10년은 꿈결처럼 지났고
가난하기 그지없는 생활이었지만
나는 행복했다.
세상에 태어나서 행복이 무엇인가
나는 알았다.

그러나 정체불명의 목소리를 잊을 수 없었기에
나는 하루를 백년처럼 살면서
기쁜 마음으로 죽을 준비를 하고
모든 신변을 정리했다.
마음은 그지없이 편안하고 오직
10년의 행복을 주신 하늘의 뜻에
감사할 따름이었다.

드디어 그날이 왔다.
40세가 되는 하루 앞날 나는 우연한 기회에
《요가 행자의 일생》이라는 일어책을
어느 서점에서 처음 보는 손님으로부터 빌어와서
밤을 세워 탐독을 했다.
아무래도 성자 파파지가
나의 전생의 스승 같기만 했다.

나는 한밤중에 경건한 마음으로
기도를 했다.
나는 이때까지 하나님의 존재를 믿어 본 일이 없는
철저한 무신론자였고 목사와 토론하면
그의 신앙이 흔들릴 정도의 이론가였으나
이상하게도 인간의 영혼이 불멸의 존재 같다는
희미한 믿음은 갖고 있었다.
'오! 위대한 스승 파파지여!
저는 10년을 행복하게 살았습니다.
이제 죽는다 해도 아무런 유감도 없을 뿐 아니라

신변 정리도 모두 끝나
저로 하여금 피해를 입을 사람은 없습니다.

제 뒤에 남는 아내와 자식이 염려되나
이것도 정해진 숙명이라면 어쩔 수 없는 일
물론 저는 더 살고 싶지만
제 뜻대로 하지 마시고 당신 뜻대로 하소서!'
나로서는 이토록 경건한 마음으로
기도한 것은 처음 있는 일이었다.

이날 밤, 나는 조용히 아무도 모르는 사이에
저승으로 떠났다.

나는 시간을 거슬러 올라가
파파지의 제자 이전, 2000년 전에
중동 이스라엘 땅에서 하나의 랍비로서
일생을 보낸 기억을 생생히 되찾았고
그 밖에도 수없이 많은 전생의 경험을
되풀이 할 수가 있었다.

얼마만한 시간이 지났을 때,
이미 육신을 떠난 내 영혼은 끝없이 자유로왔고
시간 속을 과거로도 또 미래로도 갈 수 있음을 알았다.
나는 내 영혼이 육신에서 해방된 것을
끝없이 감사할 수밖에 없었다.

그때 어디선지 멀리서
나를 부르는 소리가 들리는 듯했다.
귀를 기울이니 아내의 목소리였다.

나는 끝없는 소용돌이 속을 지나
다시 이승으로 알지 못하는 힘에 끌려 왔다.
골목 밖을 지나는 두부 장수의 목소리가 들렸다.
그때였다. 갑자기 눈앞에서 발이 올라가고
많은 제자들에 둘러싸인
성자 파파지의 모습이 보였다.
나는 나도 모르게 그의 앞에
五體投地로 절을 했다.

'安東民, 너는 네가 누군지 아느냐?'
'잘 모르겠습니다.'
'너는 내가 사랑하던 라히리 마하사야이니라.
그가 전생에서 못다 한 일을 하기 위해 다시 태어난 것이요,
동방 해뜨는 조용한 아침의 나라의 백성들을
평안하게 하는 게 네 사명이니라.
너는 앞으로 전생에 라히리가 가졌던
초능력을 되찾을 것이고,
많은 사람들이 너로 인하여 병고와 온갖 고통에서 해방되리라.
그래서 너에게는 어려서부터 많은 시련이 따랐던 것이니라.
그 때문에 너는 한 번은 네 육신에서 완전히
영혼이 빠져 나와야 했고, 영계와 상념계는

과거 · 현재 · 미래가 동시에 존재하는 곳이며,
너는 언제든지 원한다면 타인이 네 자신이 될 것이며,
마음을 육신에서 분리시켜서
과거와 미래를 넘나드는 초인이 되리라.

나의 축복을 기꺼이 받으라.
사랑을 사랑으로 갚음은 물론이지만,
너의 나라의 속담에 있듯이 미운놈 떡 하나 더 주라고
원한도 사랑으로 갚으라!
그리하면 항상 너의 마음에는 평안이 깃들리라.
많은 신들이 너를 도울 것이니 너에게는
좋은 일도 좋은 일이요 나쁜 일도 좋은 일이 되리라.
다만 조심할 것은 보통 인간의 말은 말이지만
네 말에는 신들이 움직이니 행여 노여워 하여
사람을 상치 않게 하라.'

그 순간 발은 내려지고
'여보, 여보, 어떻게 된 거예요? 살아나세요'
하고 울부짖는 아내의 목소리가 크게 들렸다.
순간, 나는 내 영혼이 왼쪽 발바닥으로부터
다시 내 육신으로 들어옴을 느껴
눈을 뜨니 그것은 꿈 아닌 꿈이었다.

이날, 나는 그때까지 갖고 있던
여섯 가지 지병이 전부 없어졌음을 알았고
죽은 지 30분이 지나
이미 물 밖에 건져 놓은 붕어를 물에 넣고

아가미 운동을 시키며
'내 기꺼이 내 목숨의 일부를 주리니 살아나라.
하늘의 뜻으로 명하노라'
했더니 붕어는 더러운 거품을 토하고
다시 살아났다.
나는 죽음의 세계에서
첫번째 부활을 한 셈이었다.

3. 제2의 인생

내 나이 마흔이 되던 해 아버지는 돌아가셨다. 병명은 간암이었다.

아버지는 몹시 살고 싶어 하셨다.

그때 춘추 70이셨다.

현대의학으로서는 치유할 방법이 없었다. 외숙과 의논한 끝에 장충동에 있는 단식요원에 입원을 시켜 드렸다.

이때, 단식요법의 원리를 전혀 이해하시지 못한 어머니가 미국에 살고 있는 동생들에게 전화로 연락을 하셨다.

너의 형이 아버지 재산에 탐이 나서 단식요원에 입원시켜서 굶어 죽게 하려고 하니 얼른 돌아들 오라고 하셨다.

그 길로 동생들이 달려 왔다.

현대의학 밖에 이해 못하는 그들에게 있어서 나는 형이 아니오, 아버지를 죽이려고 하는 패륜아였다. 나는 가진 수모와 모욕을 당해야만 했었다.

대학병원에 가서 다시 검사를 하였는데 경과는 놀랍도록 호전이 되어 있었다. 단식요법이 효력을 거두어 거의 완치상태에 가까웠던 때문이었다.

의사들은 자기네들이 오진을 한것 같다고 했다. 간암이라면 그동안 시간의 경과로 보아 이렇게 좋아질 수가 없는 일이라고 했다. 나는 할일없이 살부자로 몰렸다. 나를 믿었던 아버지는 노발대발을 하고 말리는 원장의 소매를 뿌리치고 단식요원에서 퇴원을 했다.

퇴원한 지 3일 뒤에 병은 갑자기 악화했다. 간암이 틀림없었다. 단식요원에 쫓아갔으나 그들은 입원을 시켜 주려고 하지 않았다. 사정사정을 해서 간신히 입원은 시켰으나 이제는 방도가 없었다.

돌아가시기 전에 아버지는 나를 저주하셨다. 살부자의 누명을 쓰더라도 끝내 작은 아들들에게서 당신을 지켜 주었어야만 했다는 것이었다.

아버지의 저주를 받고 나는 눈 앞이 캄캄했다. 아버지가 돌아가신 뒤, 유산 정리는 바로 밑의 동생이 맡아서 했다.

나는 할일 없는 죄인 취급이었다. 나는 아버지를 살릴 수만 있다면 내 목숨을 단축시켜도 좋다고 생각했었는데 살부자로 몰리고, 끝내는 임종 직전에 아버지로부터 저주를 받은 것을 아무래도 잊을 수가 없었다.

나는 이런 누명을 씻기 위해서도 천하 사람들에게 봉사하는 인간이 되리라고 맹서를 했다.

약간의 유산을 받은 것으로 오랜 숙원이었던 출판업을 시작했다. 허나 하나의 어설픈 몽상가일뿐, 작가일뿐, 경영인은 되지 못했다.

《한국아동문학전집》을 출판한게 원인이 되어서 나는 결국 파산을 했다.

부도를 막으려고 아버지가 남긴 미수금 가운데 2백만원 가량 동생들 몫을 나는 유용하고 말았다. 동생들이 미국에서 달려와서 나의 모든 재산에 가등기를 하고 10년 뒤에 갚으라고 한것, 은혜를 베풀면서 1,400만원의 어음을 떼어 갔다.

집안 집기들도 모두 차압을 당하고 온 식구가 집단 자살할 것도 생각해 보았다. 집을 팔려고 복덕방에 내어 놓았으나, 골목안 집이라고 해서 팔리지도 않았다.

이 때 집이 팔렸더라면 나는 시골로 낙향을 해서 어떻게 되었을지 모를 일이었다. 나는 복덕방 영감님에게 한탄을 했다. 내가 약간의 초능력이 있음을 이야기했다. 어느날 복덕방 영감님이 아랫 동네에 사는 중증의 고혈압 환자를 데리고 왔다.

손을 댔더니 이 부인에게 기적이 일어났다. 이 부인은 고맙다고 하면서 미친듯이 많은 환자들을 데리고 왔다. 그 수효가 1년 동안에 600명을 넘었다.

무슨 조화인지 50명씩 각과의 여러 환자들을 손을 보아서 나는 12종목에 대한 전의학공부를 끝마치었다.

'옴 진동수'의 원리도 발견했다. 체질개선을 시켜줌으로서 어떤 난치병, 불치병도 고칠 수 있는 기인(奇人)으로서 소문이 났다.

환자들로 문전성시를 이루었다.

1년이 지난 뒤, 나의 채무자였던 왕자지업의 사장이 경영하던 태종출판사에서 원고 청탁이 들어왔다.

내가 갚아야 할 빚을 원고를 써서 갚으라는 이야기였다. 이래서 나는 열권이 넘는 심령과학 책들을 집필하게 되었다. 그러나 이 책들을 보고 전국 각지에서 많은 손님들이 몰려오게 되었다.

첫 1년동안 600명에 이르렀던 그 사람들과 인연이 있는 사람들은 단 한명도 오지 않았다.

이래서 나는 10년동안, 심령능력자로서 제2의 인생을 살아야만 했었고, 그뒤 문제가 일어나서 내가 하는 일에 회의를 느끼게 되었다.

그래서 일본으로 원정을 할 생각을 하게 되었다. 대륙서방에서 내가 쓴 일본어로 된 심령과학 책들이 연달아 출판이 되자 붐이 일어났다.

내가 일본에 가기까지 일본에는 심령과학은 별로였으나 내가 붐을 일으켰고 한 때, 회원 수효는 5000명을 넘기까지 했다.

일본의 제법 이름난 능력자들도 앞을 다투어 나의 회원이 되었다.

그중 다쓰미 · 미쓰마사라는 젊은이가 일본에서의 내 대리 노릇을 하게 되었고, 끝내 그의 전생의 인연에 의하여 나를 일본에서 쫓아내는 구실을 하게 되었다.

일본에서의 내 구실이 끝난 때문이라고 생각이 된다. 그와 동시에 여러 권이었던 나의 일본어책들도 절판이 되어서 나는 일본에서 자연스럽게 자취를 감추게 되었다.

지금은 내가 일본에서 크게 활동했다는 흔적은 거의 남아 있지가 않다.

건망증이 심한 대중들은 이미 나를 잊은지 오래라고 생각이 된다.

옴 진동수를 일본에서 보급한 것은 나였고, 지금 일본에는 '옴 진리교'라는 신흥종교가 판을 치고 있다.

나이 60에 나는 제2의 인생도 막을 내렸고, 지금 제3의 인생이 시작되려고 하고 있다.

1991년에 《인과 응보》라는 책을 2권을 썼고 지금 《업장소멸》을 쓰고 있다.

나의 지난 날의 업장이 그 동안의 봉사활동으로 대강 소멸이 된게 아닌가 생각이 된다. 내년부터는 옴 진동수 공장이 세워져서 나는 심령과학자로서 은퇴를 하게 될것 같은 예감이 든다.

〈끝〉

후 기

이것으로서 나의 심령과학 연구서적은 마지막 책이 되는 셈이다.

심령의 세계도 다차원 세계(多次元世界)의 하나이고, 우주는 모두가 같은 구조라고 생각이 되기 때문에 마지막 장(章)에서 우리 태양계에 대한 진상을 밝혀 본 것이다.

많은 독자들은 큰 충격을 받았으리라고 생각이 된다.

그러나 옛날에 지구가 둥글지 않다고 믿어왔던 것이 잘못된 것임이 밝혀졌듯이, 내가 이 책에서 밝힌 우리 태양계의 진실도 멀지 않나 사실임이 곧 밝혀질 것으로 생각한다.

독자 여러분들의 건투를 빌면서 이만 붓을 놓기로 한다.

1992년 초봄

安東民

인간은 죽으면 어떻게 되는가? 죽은 후의 세계는 어떤 세계인가? 죽은 영혼과 산자와의 관계는? 인간의 미래는 알 수 있는가?

11	**기적과 예언** 스튜어트 로브저 / 안동민 역	기적이란 과연 무엇이며, 그것은 어떻게 발생하는 것일까? 또한 예언은 진정 신뢰할 수 있는 것인가에 대해 해답과 신비체험의 일대 파노라마!
12	**나는 영계를 보고왔다** 스웨덴 보그 저 / 하재기 역	어떤 종교나 성전도 결론을 내리지 못하고 있는 인간의 미래와 생(生)과 사(死), 영(靈)과 육(肉)에 대한 탐구서!
13	**死者는 살아있다** 올리버 롯지 저 / 하재기 역	인간의 인격은 육체가 죽은 후에도 살아남으며, 그 인격과 의사를 나누는 일도 불가능하지는 않다——이것은 저자가 30년에 걸쳐서 연구해 온 결과 내린 결론이다. 저자와 죽은 아들과 나눈 영계통신!
14	**심령진단** 안동민 저	불치병이나 난치병으로 고통을 받고 있는 사람들이 우리 주위에는 수없이 많다. 왜 그들은 그같은 고통을 받고 있는가? 영혼의 실제와 그 실례를 총결산!
15	**심령치료** 안동민 저	질병과 불행으로부터의 탈출을 돕고, 스스로의 행복의 상승기류를 탈 수 있도록 영혼의 제어나 그 원리를 수록. 병고와 불행에서 스스로의 힘으로 빠져 나올 수 있는 용기를 얻게 된다.
16	**전생요법(前生療法)** 안동민 저	이승에서의 죽음은 그것으로 모든 것이 끝나는 것이 아니라 다만 저승에서의 새로운 시작을 의미한다. 이 책에서는 영혼의 본질이 무엇이며, 자기의 전생을 알므로써 현재의 불행에서 벗어날 수 있는 지혜를 수록!
17	**자살자가 본 사후세계** 中岡俊哉 저 / 안동민 역	사람은 죽는 순간에 무엇을 느끼고, 죽은 뒤에는 어디로 가는가? 자살한 사람에게 있어서 저승은 과연 지옥인가? 낙원인가? 죽음은 끝이 아니라, 단지 시작일 뿐이다.
18	**윤회체험(輪廻體驗)** A.로버트 스미즈저 / 안동민 역	심령과학은 동양보다는 오히려 서양쪽에서 더 활발히 연구되고 있다. 미국의 최면요법가인 오펜하임 등 12명의 전생을 본 사람들의 증언은 주목을 끌기에 충분하다.
19	**저승을 다녀온 사람들** 안동민 편저	당신은 '사람이 죽으면 저승인 사후의 세계'로 간다고 생각하십니까? 여기 사후의 세계를 다녀온 사람들의 생생한 증언이 있다. 과연 사후의 세계는 존재하는가?
20	**경이의 심령수(心靈水)** 안동민 저	기적의 생명수인 〈옴 진동수〉는 무엇인가? 현대의학에서 해결치 못하는 불치. 만성·난치병을 치료하는 신비의 물! 15년 동안 10만명이 넘게 이 물을 마심으로써 새로운 인생을 찾게 되었다!

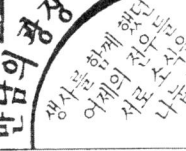

저자 약력

서울에서 출생하여 서울대 문리대 국문과를 졸업. 1951년 경향신문 신춘문예에 「聖火」가 당선되어 문단에 데뷔. 그후 일본에 진출하여 「심령치료」「심령진단」「심령문답」등을 저술하여 일본의 심령과학 전문 출판사인 대륙서방에서 간행하여 큰 호응을 얻었으며, 다년간 심령학을 연구함. 그후 「업」「업장소멸」, 「영혼과 전생이야기」「인과응보」「초능력과 영능력개발법」「최후의 해탈자」「사후의 세계」「심령의 세계」등 심령과학시리즈 20여종 저술(서음미디어 간행)

증보판 발행 : 2011년 5월 10일
발행처 : 서음출판사(미디어)
등 록 : No 7－0851호
서울시 동대문구 신설동 94－60
Tel (02) 2253－5292
Fax (02) 2253－5295

저 자 | 안 동 민
발행인 | 이 관 희
본문편집 | 은종기획
표지 일러스트
Juya printing & Design
홈페이지 www.seoeumbook.com